超解

問題解決で面白いほど仕事がはかどる本

横田尚哉

あさ出版

はじめに

問題解決は、誰でもできます。

私は、問題解決を専門としたコンサルタントとして、30年以上もの間、クライアントの問題を解決してきました。だから、自信を持ってそう言えるのです。

しかし、ビジネスパーソンにとって問題解決は永遠のテーマです。どうして、そうなってしまうのでしょうか。

うまく解決できないのは、問題の種類、解決のメカニズムを正しく知らないからです。思考を助ける道具を、十分に使いこなしていないからです。

「教えてもらっていないので、できません」

「どうすればいいのか、具体的なやり方を教えてください」

そのとおりです。学校でも会社でも教えてくれません。練習もできません。誰にも何も教わらないまま、いきなり本番ばかりです。問題解決が苦手になっていくのは当然で、いつまでたっても仕事がはかどらないのもあたりまえです。

あなたは、どうですか。問題をうまく解決できていますか。そろそろ正しく、問題解決スキルを身に付けませんか。正しい知識と正しい理論を本書から学んでみませんか。

本書は、１９４７年に開発された「ファンクショナル・アプローチ」をベースにしています。70年たった今でも、世界中で変わらず活用されている問題解決・改善の方法論です。もともと、製造業や建設業で使われていましたが、サービス業をはじめ、すべてのビジネスで使えるように研究と実証を重ねてきました。

問題解決の良書は、ほかにもたくさんありますが、そのほとんどが原因を追及する面白くないやり方です。犯行パターンの解析方法や犯人の追い詰め方のようなものです。

それに対して、本書で伝えているのは、**理想を追求する面白くなるやり方**です。理想の恋人との出会い方、あこがれの恋人の口説き方のようなものです。

今、その考え方とやり方を、手順に沿って簡潔にまとめることができました。ぜひ、本書でお伝えしている「面白い」問題解決スキルを身に付けてください。

開発者である、ローレンス・D・マイルズ氏は次の言葉を残しています。

「**意識を変えることは、問題解決において、極めて重要な一歩である**」

さあ、あなたも意識を変えて、未来を輝かせましょう。

２０１７年1月
横田尚哉

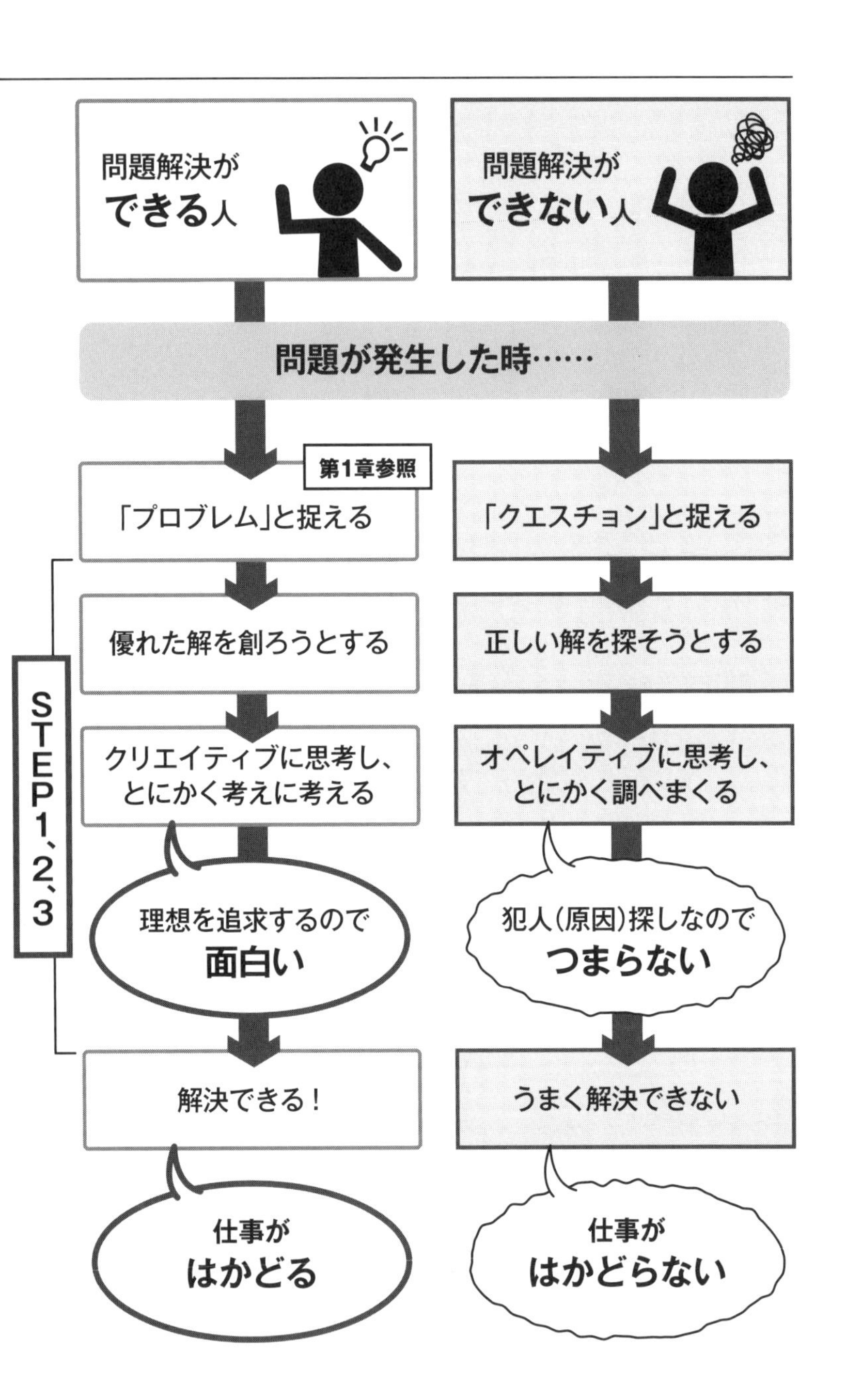
問題解決が
できる人
問題解決が
できない人
問題が発生した時……
第1章参照
「プロブレム」と捉える
「クエスチョン」と捉える
優れた解を創ろうとする
正しい解を探そうとする
クリエイティブに思考し、
とにかく考えに考える
オペレイティブに思考し、
とにかく調べまくる
STEP1、2、3
理想を追求するので
面白い
犯人(原因)探しなので
つまらない
解決できる!
うまく解決できない
仕事が
はかどる
仕事が
はかどらない

誰でもうまく問題解決できる3つのステップ

問題発生から解決までのプロセス

問題を発見したら……　第1章参照

分析　第2章参照

問題を徹底的にバラバラにして、一つひとつの役割や効用（ファンクション）を考えてわかりやすい言葉にし、「何のため？」をキーワードに整理し直す

STEP2 創造　第3章参照

解決案のヒラメキを得るため知識的・経験的技術を知り、環境を整え、価値で改善点を浮き上がらせ動機づけする。アイデア発想法を活用するのもひとつの手

STEP3 洗練　第4章参照

よい解決策にするために、視点をいろいろ変えたり、リストを作ったりしながら、ひらめいた案のあらゆる欠点を、一つひとつ根気強く克服していく

第1章 わかってしまえば問題解決は「面白い」

第2章 今の状態を知るための「分析」

第3章 新しい方法を生み出すための「創造」

第4章

確実に解決させるための「洗練」

第5章 ワンランク上の「問題解決」

本文イラスト／シマダ イサオ

第 1 章

わかってしまえば
問題解決は「面白い」

面白くないのは、問題の種類が間違っているか、
解決の方法が間違っているかだ。

問題解決ってそもそも何か

プロブレムに対して、より優れた解決案を求めること

■問題にはプロブレムとクエスチョンがある

まず、「問題解決」の定義から始めます。問題とは何か。問題解決とはどうすることなのか。これがわからず、問題解決が苦手だと思い込んでいる人が多いからです。

一生懸命に努力しても、問題が解決できないのは、問題解決の意味を誤解しているからなのかもしれません。

問題には、大きく2つの意味があります。英語で言うと、1つはプロブレム、もう1つはクエスチョンです。私たちが学校で習ってきたのはクエスチョンに対する能力です。

■クエスチョンという問題

「棚の中に饅頭（まんじゅう）が5つありました。カツオがその饅頭のうち、2つを食べました。饅頭はいくつ残っていますか」

これはクエスチョンです。

クエスチョンには、正しいとされる解が1つだけあります。それは、正解や模範と呼ばれるものです。それを求めることを、**解答**といいます。

学習した手段を思い出すか、マニュアルを調べ、その手順に従って実行すれば解答できます。このような作業は、**オペレイション**と呼ばれます。

でもこれは、教育のシーンに出てくる問題であって、ビジネスのシーンで出てくる問題ではありません。

ビジネスで言う問題とは、行動するうえで想定と違った事象のことです。通常の状態ではない事態のことで、放置しておくことのできない、何らかの対応に迫られている事

■カツオが饅頭を、2個食べた

象です。

■プロブレムという問題

「棚の中の饅頭が減らないようにするには、どうすればよいでしょうか」

これがプロブレムです。

プロブレムには、選択可能な解が複数存在します。優劣があるだけで、正解や模範はありません。より優れた案を求めることを**解決**といいます。

知識と経験を生かして考えなければなりません。そして、努力と気力で実行することになります。このような作業は**クリエイション**と呼ばれます。

つまり、ビジネスでいう問題は、何らかの対応に迫られている事象であり、行動を進めてもよい状態にすることを問題解決というのです。

■オペレイションとは標準のやり方を実行すること

いつでも誰でもどんな状況でも、誤差のほとんどない同じ成果が得られるように、予め設定されている標準のやり方に従って実行していく作業がオペレイション。

■クリエイションとは今までになりやり方で実行すること

今までとまったく異なる成果が得られるように、時間や人や環境の違いを生かして、いままでのやり方にこだわらず自由奔放に実行していく作業がクリエイション。

■問題解決と問題解答は向かう方向が違う

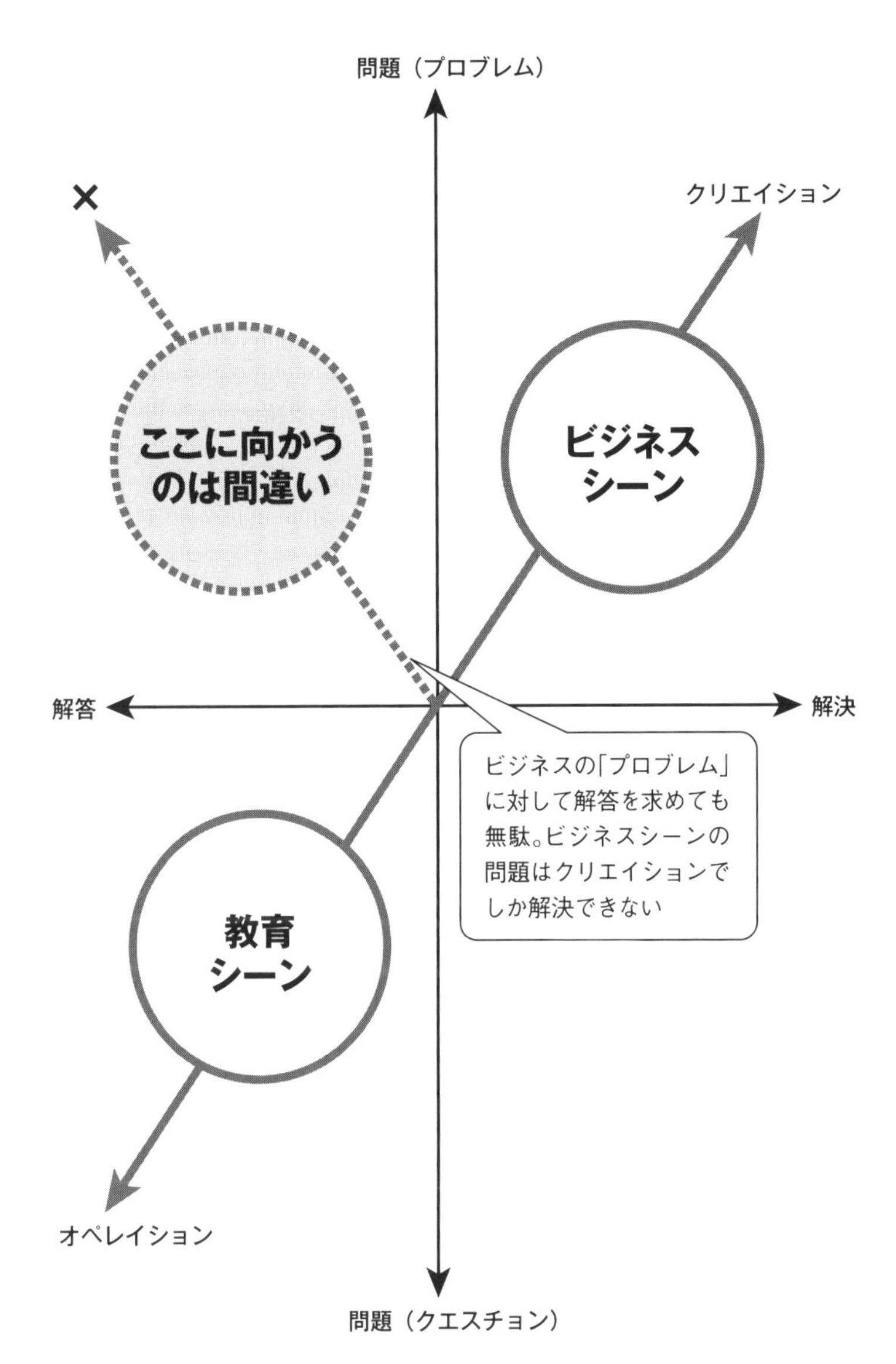

解を答えるのではなく、解を決めること

問題解決ができる人とできない人の違い

できる人は、調べるより考える努力をする

■何でもクエスチョンと捉えるから解決できない

問題解決ができる人とできない人の決定的な違いは、問題の捉え方です。問題をクエスチョンと捉えてしまうところからすべての間違いが始まります。

言い換えると、**クリエイティブな活動をしなければならない問題であっても、何とかオペレイティブに処理しようと思ってしまう**、そこが間違いです。

解決しようと思わず、解答しようという意識になってしまいます。だから、どこかに正解があると信じ、探し回って日が暮れるタイプです。

そういう人たちの口癖に、次のようなものがあります。

「解決方法を知っている人はいないか」

「どこかに解決できた事例はないのか」

■できる人は問題に合わせてやり方を変える

問題解決のできる人は、目の前の問題がクエスチョンなのか、プロブレムなのかを見極めます。つまり、問題に合わせてやり方を使い分けられるということです。

クエスチョンであれば、それは問題解決とは呼ばず、単なる解答作業としてＴｏＤｏリストに入れるだけ。プロブレムであれば、解決するために考える必要があるので、クリエイティブな活動として取り組みます。

こういう人たちの口癖は、次のようなものがあります。

「そもそも何が問題なのか」

「それは本当に問題なのか」

■その問題はどちらの問題か

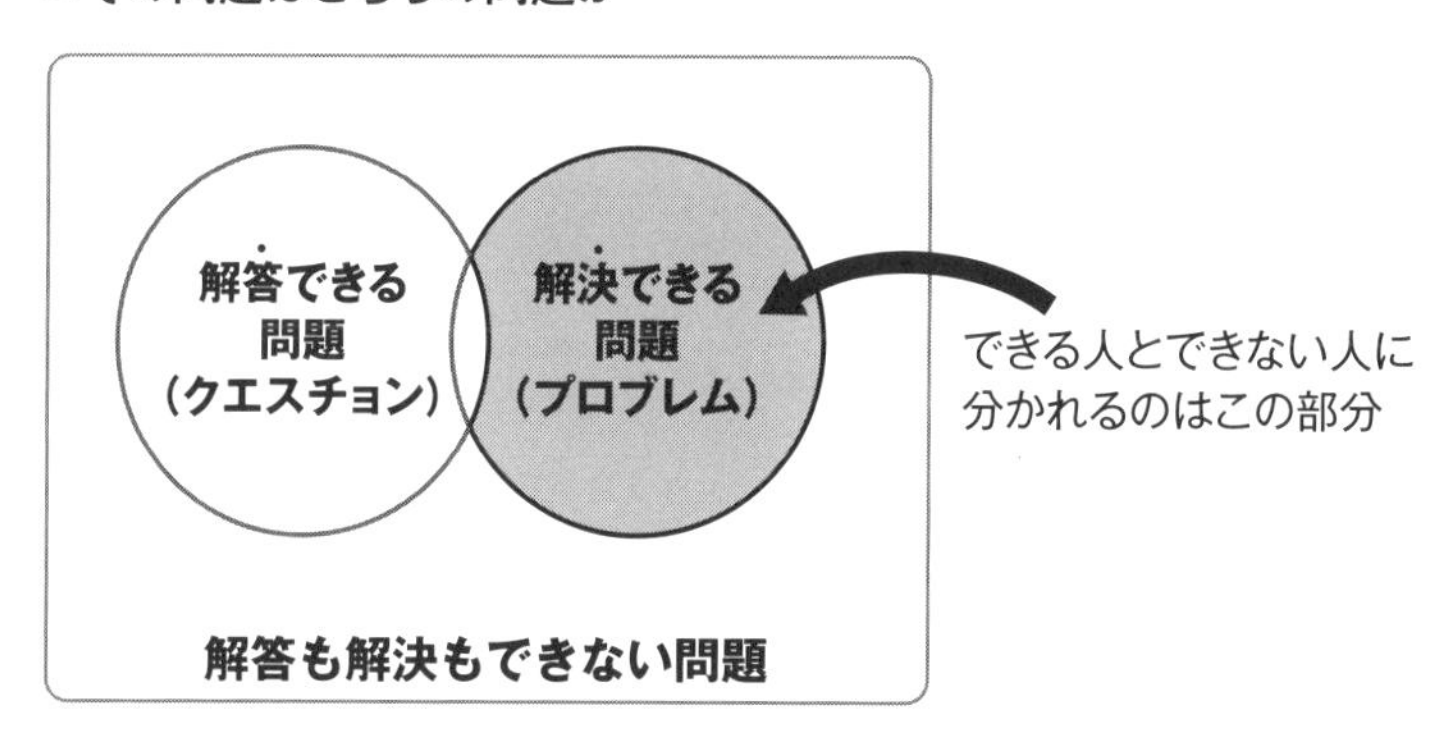

■問題の捉え方を間違えると行動も思考も違ってしまう

では、問題をクエスチョンと捉えてしまうと、どうなるのでしょうか。

捉え方が違うとゴールが異なります。ゴールが異なると重視するところが変わります。重視するところが変わると、行動が変わります。そうして、思考、意識、さらに気分まで違ってくるのです。

そうならないためにも、**プロブレムとしての問題を解決する正しい理論、正しい手順を身に付けておくこと**です。それが、問題解決スキルなのです。

このスキルがない人は、残念ながら、オペレイティブに作業するしか選択肢はありません。だからいつまでたっても、問題解決ができないのです。

ぜひ、問題解決のできる人になってください。

■問題を解決できる人とできない人の違い

	問題解決ができない人	問題解決ができる人
捉え方	クエスチョンと捉える	プロブレムと捉える
ゴール	正しい解を答えること	優れた解を決めること
重視	結果を重視	過程を重視
行動	調べる、調べる、調べる	考える、考える、考える
起点	問題が発生した原因	解決できた後の理想
思考	オペレイティブ	クリエイティブ
意識	受け身で、客観的	自発的で、主観的
比べ方	横並びで見る	個性で見る
解決策	消去法で追い込む	強化法で育て上げる
絞り込み	正解を1つに絞り込めない	惚れ込む案が見つかる
気分	面白くない	面白いかも
結果	うまく解決できない	解決できる

とくに問題解決に苦労するタイプ

調べようとせず、考えようとすること

フェーズはISSUEの5つ

解決策を見つけるだけでなく、効果の確認まで行う

次に、問題解決の仕組みを理解しておきましょう。「問題解決」を分解すると、次の5つのフェーズに分かれます。どんな問題解決方法であっても、共通するフェーズです。**どれか1つでも欠けていると、解決はうまくいきません。**

フェーズ1：問題の認識

問題の存在に気づく局面です。問題が大きくなってしまう前に、いち早く察知することが求められます。

問題が発生している場合は、その兆候を見逃さないことです。問題の兆候は、一時的に現れたり、わずかな変化と

して現れたりしているものです。

まだ問題が発生していない時点でも、問いかけ法や定期点検などで認識することもできます。

フェーズ2：改善点の特定

改善すべき箇所を絞り込む局面です。的の外れた特定や、ざっくりとした特定にならないよう、正確でシビアな特定が求められます。

特定する時は、問題をまとまりで分けていきます。はじめは大きく分け、絞り込むほどに細かく分けていきます。見た目のまとまり、費用のまとまり、役割のまとまりなどを使い分け、より正確に特定します。

フェーズ3：解決策の選択

最適な解決策を選ぶ局面です。特定された箇所を確実に改善できる策が求められます。

■問題の認識を察知する方法

① 一時的に現れる現象から察知する

② わずかに現れている現象から察知する

③ 問いかけることで察知する

定期的に時々チェックすること

すでに存在している策から見つかる場合、新たに策を創造しなければならない場合などがあります。

フェーズ4：解決策の適用

選択した策を当てはめる局面です。どれほどよい案でも、あてはめない限り状態は変わりません。想定どおり確実に適用されることが求められます。

この局面では、ある程度の努力が必要になります。一時的に不都合な状態が発生する場合もあります。それらを乗り越えるだけの実行力が必要となります。

フェーズ5：改善効果の評価

本当に問題が解決したかどうかを確認する局面です。うわべの解決や短期的な効果ではなく、本質的に解決できていることが求められます。定量的に評価することが理想ですが、定性的な評価をすることもあります。

■問題解決の5つのフェーズ

問題の存在に気づく局面

Identification　問題の認識

改善すべき箇所を絞り込む局面

Specification　改善点の特定

最適な解決策を選ぶ局面

Selection　解決策の選択

選択した策をあてはめる局面

Utilization　解決策の適用

本当に問題が解決したかどうかを確認する局面

Evaluation　改善効果の評価

解を見つけて終わりではなく、解決を見届けること

魔法の質問で問題を認識する

常に「誰のため？何のため？」と問いかける

問題の認識に役立つ、2つの魔法の質問があります。

「誰のため？」

「何のため？」

この2つを、常に問いかけるようにしてください。そうすれば、問題の兆し、切っ掛けが見つけやすくなります。

■先入観と固定観念に気を付ける

私たちは、日常の活動の中で、先入観や固定観念が出来上がっていきます。この先入観や固定観念のおかげで、いちいち思考したり判断したりすることなく、効率よく活動できるのです。

とくにルーチン化しているような活動は、まったく考えなくても実行できるものです。たとえば、メールの定型文。「いつもお世話になっています」とか「お疲れ様です」など、何も考えずに書いている人を見かけます。

しかし、気づかないうちに状況が変わり、問題が発生しているかもしれません。まだ、大きな現象になっていないから認識していないだけかもしれません。

先入観や固定観念で活動を続けていると、わざわざ見直すようなことをしなくなります。やがてルーチン化され、ますます考えなくなっていくのです。

だから、この2つを問いかけるのです。

「誰のため？」

「何のため？」

問いかけたり、意識したりするだけでいいのです。私はシールを作って、自分のパソコン、マウス、スマホなど、

■いつも「誰のため？何のため？」を意識する

目につく場所に書いてあれば常に意識できる

あらゆるところに貼り付けています。

■答えることで問題を認識できる

この問いかけは、自問自答でも、人に問いかけてもかまいません。みんなで考えるのも効果的です。

「この書類は、誰のため?何のため?」
「その作業は、誰のため?何のため?」
「今の議論は、誰のため?何のため?」
「あの規則は、誰のため?何のため?」

そして、**答えがすぐに出なければ、問題となる可能性が高いです。答えが出たとしても、違和感があったり、みんなと違う答えだったりすれば、問題となるかもしれません。**

この方法なら、特別な道具も時間も必要なく、いつでも手軽にできます。そうして、問題の芽を見逃さないことです。

■誰のため?何のため?を使った問題の判定フロー

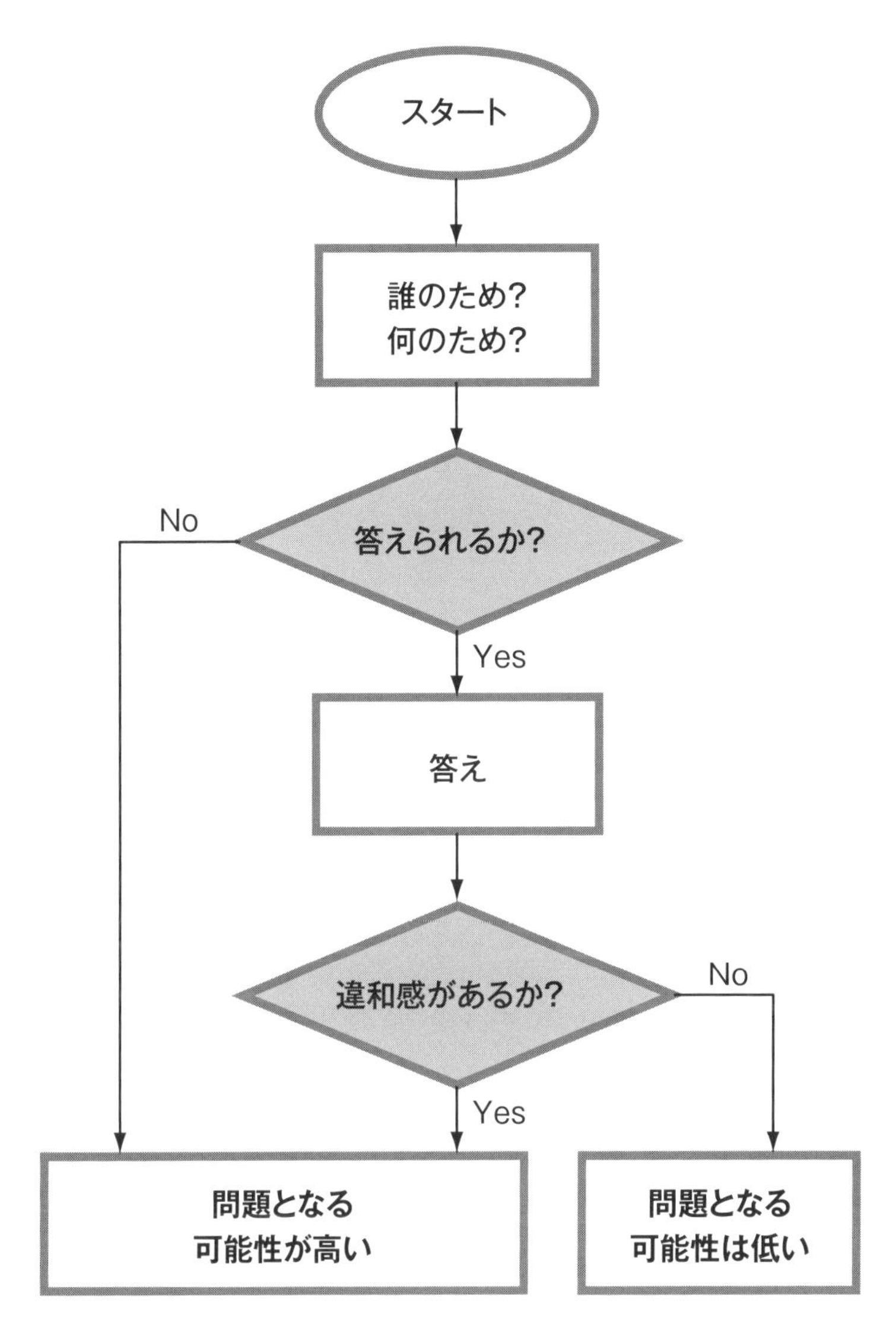

まず、問いかけてみること

4Mで改善点を特定する

感覚ではなくロジカルに焦点化する

問題の存在に気づいたら、それを解決しなければなりません。ただ、すぐに解決するのではなく、**問題を掘り下げて、改善点を特定してから行うのがコツ**。

その時、4Mで考えてみることです。4Mとは、「マン」「マテリアル」「メソッド」「マシン」です。

■教育研修がうまくいかない企業

ある企業から、教育効果が上がらないので改善したいという依頼がありました。自社にあった新しい教育プログラムを開発したいということです。

すでに、問題の認識はされているようでしたが、改善点が特定できていませんでした。そこでこんな質問をしてみました。

「そもそも教育プログラムが問題なのですか」

「教育プログラムは、本当に問題なのですか」

案の定、答えはあやふやなものでした。

問題解決で間違ってはいけないのは、改善点の特定です。改善点を間違えてしまうと、いくら努力しても問題はなくなりません。そこで、４Ｍを使って改善点を焦点化していきます。

■改善点を焦点化する

教育効果が出ないというのは、あくまで最終的に現れた結果です。改善すべき点をもれなくあげていくことが大切です。その時のフレームワークに、４Ｍが役立つのです。

【マン】人や組織に関する改善点はないか

■問題の本質を捉えるのに使われる「4M」

> もともと製造業の現場の用語。問題や事故が発生した時に、その原因がどこにあるのか特定し、管理するための分類。
> ここから、対策検討として、原因の本質を捉える時にも使われるようになっている。4M管理、4M分析ともいう。

【マテリアル】材料やデータに改善点はないか
【メソッド】やり方や流れに関する改善点はないか
【マシン】ツールや装置に関する改善点はないか

改善点を感覚で決めつけるのではなく、**論理的に決めていくこと**です。問題を早く解決したい気持ちはわかりますが、冷静に考えましょう。

もしかしたら、講師の教え方のスキル不足かもしれません。あるいは、受講生の学習意識が希薄なのかもしれません。または、教育効果を発揮する場面の不足かもしれないし、動機づけの欠如かもしれません。

結局、その企業の改善点は、教育プログラムにあるのではなく、運営の仕方にあることが特定できました。

このように４Ｍを使うことで、問題が早く特定できます。ほかにも優れたフレームワークがあります。それらを使って、ロジカルに改善点を特定することがコツなのです。

■改善点を特定する４M

Man

人や組織を
改善すればよい問題

Material

材料やデータを
改善すればよい問題

やり方や流れを
改善すればよい問題

Method

ツールや装置を
改善すればよい問題

Machine

ぼんやり捉えないで、焦点化すること

問題解決への、2つのアプローチ

過去の再現化ではなく未来の具現化のアプローチをする

■日常的な問題の解決に向いている「過去の再現化」

問題の認識から改善点の特定までできたら、いよいよ解決策の選択。どの解決策がよいのかを選ぶわけです。

このとき、解決策を手にするためのやり方に、180度方向の違うアプローチ方法があります。

1つは、私が「過去の再現化」と呼んでいるアプローチ。日常的な問題解決でよく使う方法です。

問題となっている状態を、何らかの結果であると考え、その原因を徹底的に追及していきます。そして、突き詰めた真の原因を是正させるために、新たな仮説を立て、検証していきます。

このアプローチで効果的に問題解決へと進めるためには、過去の行動を片っ端から記録すること。記録がなければ、関係者に事実関係を詳しく聞き、とにかく原因の発生時点までさかのぼります。

小さな問題、日常的に発生する問題は、この方法で解決できるでしょう。発生した問題と解決策の関係をパターン化しておけば、悩むことなくロジカルに選択できます。

■理想を実現させる手段を考える「未来の具現化」

もう1つは、私が「未来の具現化」と呼んでいるアプローチ。非日常的な問題解決で効果を発揮する方法です。

問題となっている状態を、何かに対する手段であると考え、その目的を徹底的に追求します。そして、突き詰めた理想を実現させるために、新たな手段を創造していきます。

■真因に迫る代表的な方法「なぜなぜ5回」分析

トヨタ自動車の大野耐一氏が広めた分析手法。ある結果に対して「なぜ？」を５回繰り返すと真の原因、真因にたどり着けるというもの。品質不良の再発防止などに使われ、現在は広く普及している。

このアプローチで効果的に問題解決へと進めるためには、現在の手段からあえて離れていきます。本当に達成したい未来の状態へ意識を移し、理想の状態だと確信できるところまで追求し続けます。

過去の再現化で解決できなかった問題や、全体に及ぶ問題は、この方法で解決するのがベター。オペレイティブに解決できない問題は、クリエイティブに解決するしか方法はありません。

■ 未来に向かうアプローチで楽しく問題解決を

残念なことに、多くのビジネスパーソンは、過去に向かうアプローチばかり使っています。未来の具現化を知らないまま、解決をあきらめているケースが多いのです。

だから私は、過去に戻り悪い犯人を探し出すような、つらい問題解決ではなく、**未来に行き新たな恋人を探し出すような、ワクワクする問題解決を伝えたいのです。**

■一般的な管理技術

IE	Industrial Engineeringの略。生産工学などと訳され、主に製造業などの生産性の効率化・高速化を進めるために用いられる技術。
TOC	Theory Of Constraintsの略。制約条件の理論と訳され、成果物の量的質的最大化のために制約・ボトルネックの克服を目指す技術。
ISO	ISO9000sは品質マネジメントに関する国際規格の総称で、外部認証による信頼性と透明性を高め、品質を管理しようとする技術。
6σ	Six Sigmaの略。シックス・シグマと呼ばれ、成果物の品質を高めるために、バラツキや不良率を徹底的に減らそうとする技術。

■問題解決の2つのアプローチ

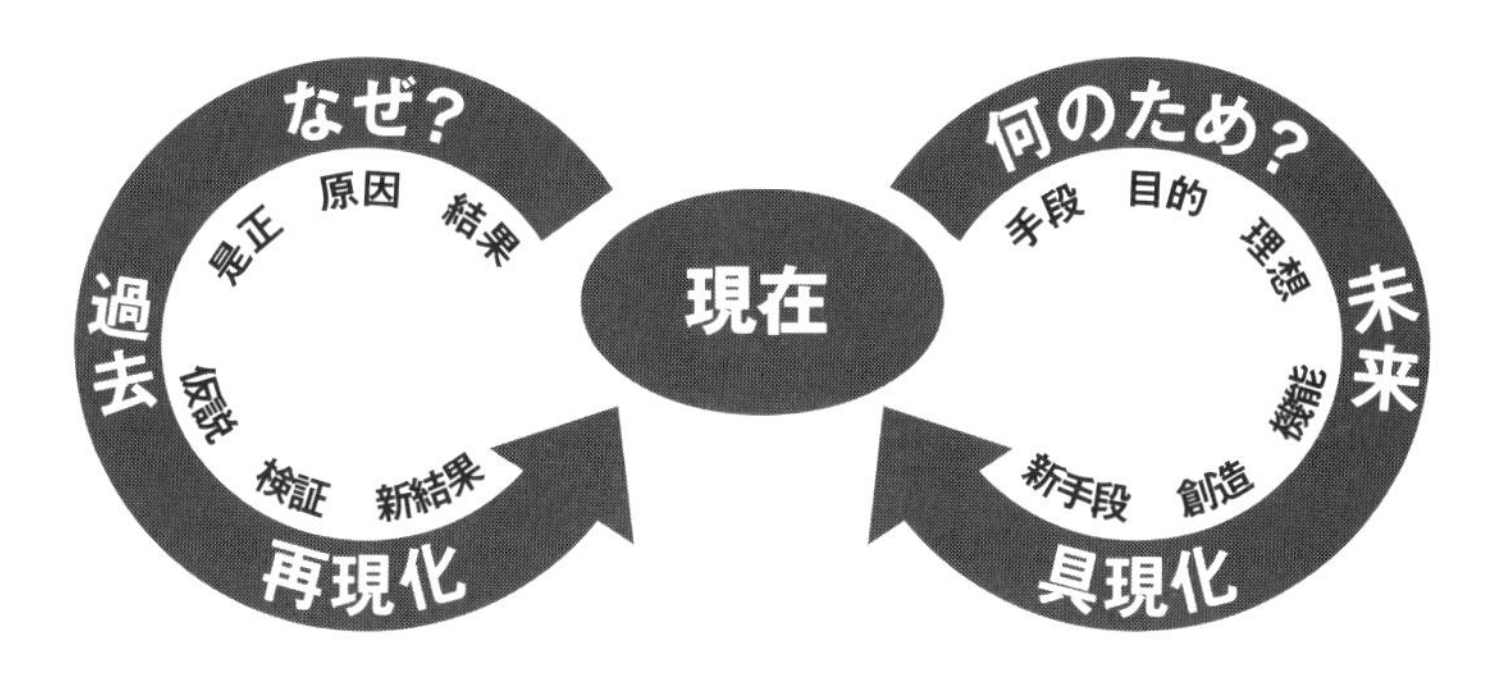

過去に向かう	方向	未来に向かう
原因を追及	意識	理想を追求
日常的な問題の解決	対象	難解な問題の解決
なぜなぜ5回、 IE、TOC、ISO、6σ etc.	ツール	ファンクショナル・ アプローチ
犯人探し	類似	恋人探し
暗くなる、つらくなる	気持ち	明るくなる、面白くなる
探し出す	行為	創り出す
オペレイティブ	思考	クリエイティブ

過去の犯人より、未来の恋人を探すこと

ファンクショナル・アプローチで目的達成

五感で認識できない世界にあえて踏み込む

■クリエイティブに問題解決する方法

「ファンクショナル・アプローチ」の原理は、とてもシンプルです。シンプルだからこそ、開発から70年たった今も、世界中で活用されています。

ただ、今の日本のビジネスパーソンで、この思考システムを理解し、使いこなしている人はほとんどいません。

問題解決といえば、過去に戻って原因を是正し、仮説検証を繰り返す方法ばかりが広まってしまいました。

そこで、難解だった問題をクリエイティブに解決し、面

■ファンクショナル・アプローチとは

先入観や固定観念から逃れるために、1947年にアメリカGE社のローレンス・D・マイルズ氏により開発された思考システム。製造業や建設業ではバリュー・エンジニアリング、あるいはバリュー・アナリシスなどの名称で普及している。

白いほど仕事がはかどるファンクショナル・アプローチを紹介したいと思います。

■前提として2つの世界があることを理解する

まず、原理から説明しますが、その前に、2つの世界があることを理解してください。「カタチ」の世界と「ファンクション」の世界です。

私たちが日常、意識している世界は「カタチ」の世界です。見たり触ったり、五感をとおして認識している世界です。

一方、**五感では直接感じられない「ファンクション」の世界**があります。本質、役割、効用、目的、使命、働き、狙い、機能などの世界です。

この2つの世界を行き来することで、先入観や固定観念の影響を受けず、自由に思考できるようになるのです。

■五感を利用して伝達される「カタチ」

カタチとは、五感を利用して伝達されるモノ・コトの総称。人はカタチを通じてしか、やりとりや理解ができない。本書でカタカナ表記しているのは、漢字の「形」「象」「容」「型」の持つ意味を含むため。

モノとは、製品のような有形な対象のこと。カタカナ表記しているのは、漢字の「物」「者」の持つ意味を含むため。

コトとは、サービスのような無形な対象のこと。カタカナ表記しているのは、漢字の「事」「言」の持つ意味を含むため。

■3つの実施手順で自然と解決策が見つかる

実際には、2つの世界を意識しなくても自然と行き来でき、解決策が手に入ります。3つの段階に分けられた実施手順があるからです。その段階とは、「分析」「創造」「洗練」です。

【分析】カタチとして分析しファンクションの世界に入っていく。特徴的なテクニックがある（第2章参照）

【創造】ファンクションの世界で創造的に発想していく。固定観念の影響を受けずに発想できる（第3章参照）

【洗練】ファンクションで発想したものをカタチの世界に戻していく。それが解決策となる（第4章参照）

原理も手順も単純なので、時代や言葉や文化が違っても使われるのです。

では、次の章から段階に沿って、その手順を説明していきたいと思います。

■ファンクショナル・アプローチの原理と３つの段階

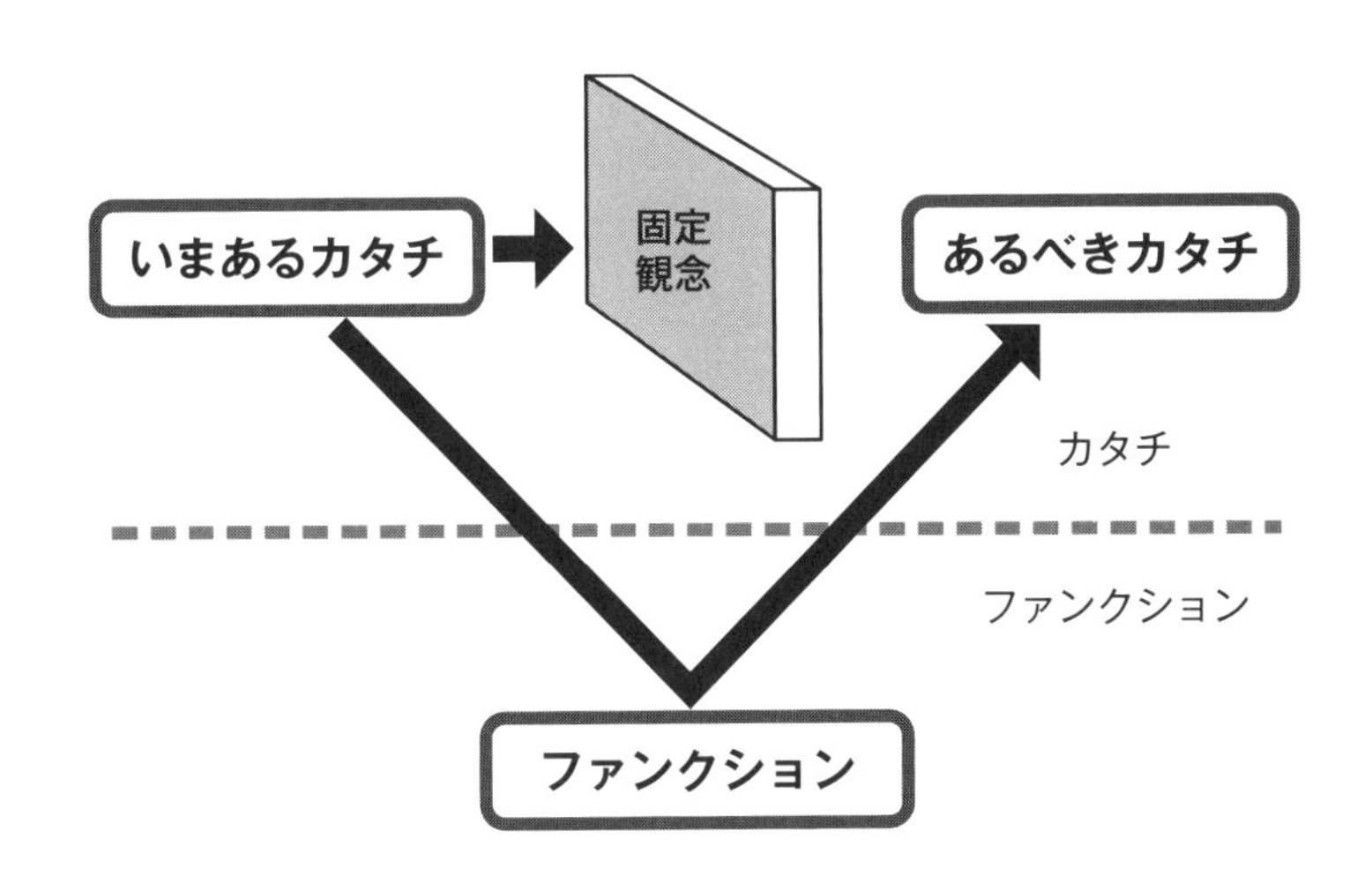

【ファンクショナル・アプローチの原理】

段階	テクニック
分析	情報収集、要求分析、問題分析、リスク分析、ファンクションの定義、ファンクションの整理
創造	コスト分析、ファンクション分析、価値分析、プロセス分析、アイデア発想、概略評価
洗練	アイデア分類、利欠点分析、欠点克服、洗練化、検証、コスト見積もり、効果予測、組み合わせ、詳細評価

あえてカタチから離れること

ここを
チェック

その対象は、改善すべきものか？

- □ 果たすべき役割や効用がはっきりしている
- □ 制約が少なく、変更の自由度が高い
- □ 具体的な資料やデータがそろっている
- □ 今のやり方には無駄があり、効率が悪い
- □ 現状の価値が低く、存続理由が希薄である
- □ 問題が頻繁に発生し、課題がたくさんある
- □ ずっとやり方が変わらず、継続している
- □ 改善すれば、周りや全体に与える影響が大きい

1つでもあてはまるようであれば、
すぐに改善しよう！

第 2 章

今の状態を知るための「分析」

問題を細かく分解し、深く理解し、うまく解析する。

分析とは、ばらしてまとめること

ばらばらにして、違う見え方になるようまとめ直す

■解析まで含めてこそ分析

分析とは、モノやコトを細かく分け、要素や本質を明らかにして、その構造や仕組みを論理的に調べ、ある特質を見えるように整理することです。

「分」も「析」も、漢字の意味としてはどちらも「分ける」ですが、ビジネスでは、単に分ければいいというものではありません。問題分析にしても、データ分析にしても、分解しただけでは不十分。解析まで終えて、ようやく分析したことになります。

■ビジネスでは「ばらしてまとめる」の意

つまり、分析は、分解と解析の2つの作業が必要ということ。簡単にいえば、ばらしてまとめるのです。このことを、しっかり理解してください。問題分析がうまくできると、問題解決が面白いほどできるようになります。

ある企業で、各営業所からの売上データが集められました。データを分析する時の手順はこうなります。

・集められた各データを品目ごとに1時間ごとに分ける
・1時間のデータを品目ごとに分ける
・特定の品目のみを集める
・時系列に並び替える
・違いや差が見えるような図や表にする

この分析により、その品目の売上が周期的に落ち込む時間帯があることがわかりました。これにより、新たな営業戦略の対策の参考になったのです。

■同じものでも見え方が違う

売上データ

まとめ直すと……

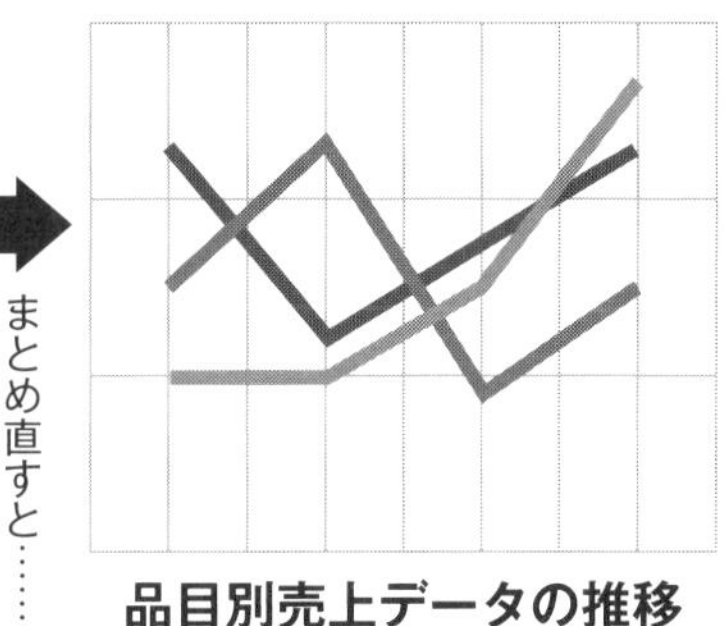

品目別売上データの推移

■見え方を変えること

分析によって何が得られるかというと、違って見えるようになることです。**ばらす前の見え方と、ばらしてまとめたあとの見え方が変わっていること。**それが分析です。

そのためには、ばらした時のロジックと、まとめた時のロジックが異なっていなければなりません。同じロジックでまとめると、もとに戻るだけです。

どのような違いを見せたいかによって、その分析内容は変わってきます。つまり、ばらすロジックとまとめるロジックが見せ方のポイントになってくるということです。

問題分析する時に重要なのは、先入観や固定観念にとらわれないように問題の本質を見せることです。

いくつかの方法がありますが、ファンクショナル・アプローチでは、カタチの世界からファンクションの世界に入ることで本質を見せているのです。

■分析とは違って見えるようにすること

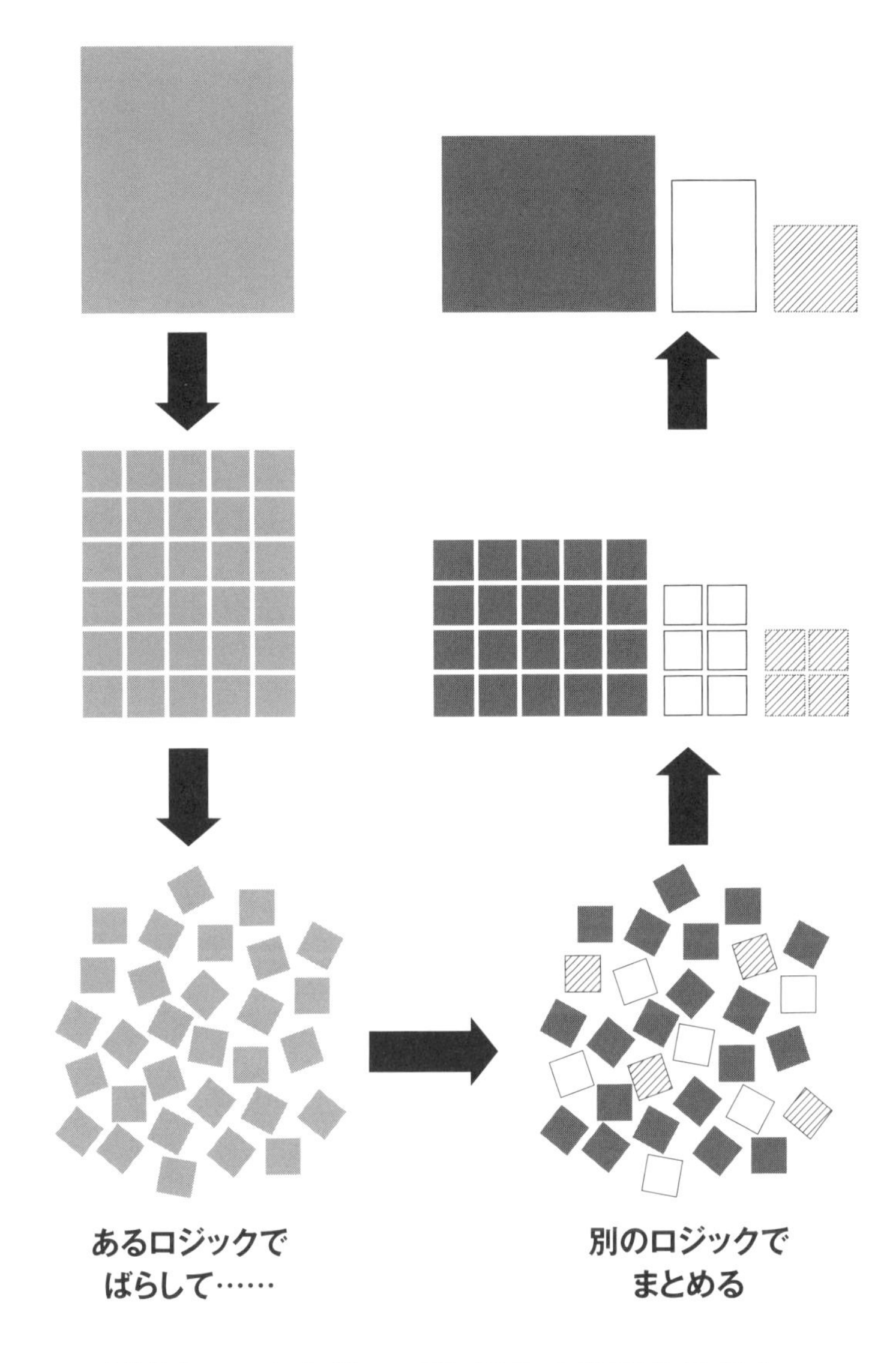

ばらし(分)まとめ(析)て、見え方を変えること

徹底的にばらす

対象のすべてを、丁寧にもれなくばらす

■まとまりに関するポイント

問題分析の最初の作業は、ばらすこと。ポイントは、2つです。**まとまりに関するポイントと、細かさに関するポイントです。**

まとまりとは、普段扱っているカタチの世界でのまとまりです。分析前ですから、まだ先入観や固定観念の影響があってもかまいません。

最初に、問題が発生している対象全体を明確にします。これが、解決する範囲にもなります。

次に、対象全体をいくつかの大きなまとまりに分けます。モノならモノのまとまりで、コトならコトのまとまりで分けます。これを細かくしていきます。

たとえば、14ページの棚の中の饅頭問題を考えてみましょう。問題の全体は、饅頭保管です。入手した饅頭を収めるところから、食べるまでです。この間に、カツオが食べてしまうというリスクがあるという問題です。

大きなまとまりは、収納、保管、消費の3つとなります。そして、それを細かく分けていくと、たくさんのモノとコトにばらすことができます。

■細かさに関するポイント

職種ごとに扱う問題は異なりますが、細かさはその取り扱う問題の最小単位までです（下欄参照）。普段の理解を超えるまで細かくする必要はありません。しかし、理解できる単位までは、徹底的にばらしてください。

■扱う問題での最小単位

たとえば、同じ野菜を扱う職業にしても、農業を営む人は1個単位まで、調理を作る人はグラム単位まで、栄養素などを分析する研究者はマイクログラム単位まで扱う。

大きな問題を扱うと、非常にたくさんのパーツになり、分析する作業に時間がかかることになります。

時間的な制約がある時は、ある程度のまとまりのまま解析を始めてもかまいませんが、改善点の特定があいまいになるので、気をつけてください。

■モノなら要素構成図、コトなら作業構成図ができる

分解すると、対象の構造が見えてきます。これを、**構造化**といいます。出来上がったものを**構成図**といいます。

モノを対象とすると要素構成図（PBS）ができます。コトを対象とすると作業構成図（WBS）ができます。システム構成図や、組織構成図も同じです。

ここまでの分解は、ファンクショナル・アプローチでなくても行っていることです。どこが改善点なのかを特定するためには、いったん対象のすべてを、もれなく、細かくばらすことです。

■PBSとWBSとは

PBS	パーツ・ブレイクダウン・ストラクチャーの略。モノ（製品、プロダクト）を構成しているパーツ（部品）を示した図。
WBS	ワーク・ブレイクダウン・ストラクチャーの略。コト（サービス、プロセス）を構成しているワーク（作業）を示した図。

■問題の構造化の例

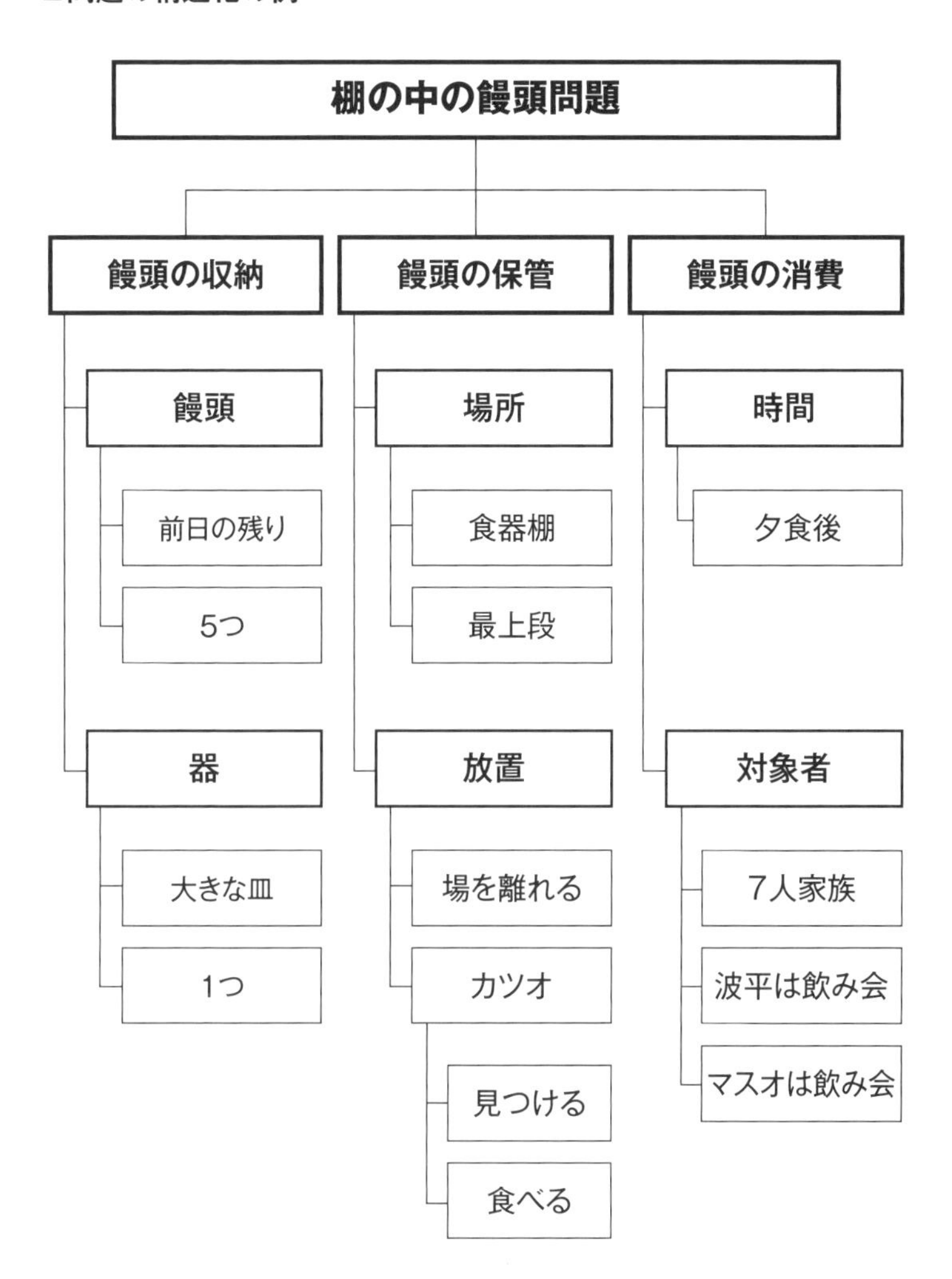

ざっくりではなく、丁寧にばらすこと

役割を考える

役割や効用といったファンクションに気づくこと

■すべてのモノには役割がある、と考える

そのまま扱っても問題分析はできますが、先入観や固定観念から逃れるためには、普段扱っていないようなロジックで捉えなおすことが大切なのです。

どのようなロジックを使うかというと、そのパーツやワークには、必ず次の大前提があるというロジックです。

「すべてのモノには役割がある」

「すべてのコトには効用がある」

ばらした個々には、何らかの役割や効用、つまり、ファ

■ファンクションとは本質

カタチと表裏一体の概念であり、カタチを存在させている本質。
意味、本質、真意、思い、思惑、意図、狙い、効用、効果、役割、目的、理由、機能、性能、使命、働きの類。

ンクションがあります。今あるカタチは、そのファンクションの現れと捉えます。

■ファンクションはカタチに優先する

ファンクショナル・アプローチの発案者であるローレンス・D・マイルズ氏は、ファンクションについて、次のような言葉を残しました。

「冷蔵庫が本当にほしいという人はいない。貯蔵された食品がほしいのだ。人の要求や要望は、カタチに対してではなく、ファンクションに対してなのだ」

この考え方が、ファンクショナル・アプローチの根幹をなしています。たとえカタチが変わっても、ファンクションを達成することが、何よりも優先されるという考え方です。

人が求めているのがファンクションなら、ファンクションから議論し、**ファンクションから発想するのが理にかなっているる**というものです。だから、「ファンクショナ

■人が本当にほしいもの

ル・アプローチ」というのです。

■ファンクションの存在に気づく

まず、ファンクションに気づくということから始めます。たとえば、本書のレイアウトは、下の余白が大きくとってあります。これは、勝手になってしまったのではなく、意図的に広げています。つまり、余白をとるやり方を選んだ、何らかのファンクションがあるのです。

それに気づくことです。

あなたの周りを見渡してみてください。その色も、形状も、材質も、勝手になってしまったものですか。何らかのファンクションがあってそうなっているのでは?

重要なのは、気づくことです。調べることではありません。考えること、想うことです。外を歩いている時、電車に乗っている時、オフィスにいる時など、目の前のカタチにどんなファンクションがあるか考えてみてください。

■カタチを存在させているファンクション

釣り針	には、	**魚を捕らえる**	ファンクションがある。
鋤(すき)	には、	**土を反す**	ファンクションがある。
ブラケット	には、	**加重を支える**	ファンクションがある。
ばね	には、	**圧縮を続ける**	ファンクションがある。
モーター	には、	**軸を回す**	ファンクションがある。
コンロ	には、	**食品を加熱する**	ファンクションがある。

■どんなファンクションがあるか考えてみよう

マンホールが丸いのには、ファンクションがある。

つり革がブラブラしているのには、ファンクションがある。

キャップのギザギザには、ファンクションがある。

調べるのではなく、気づくこと

言葉に変える

気づいたファンクションを名詞と他動詞で表現する

■ 伝えるために言葉にする

ファンクションに気づくことができたら、それを言葉に変えます。言葉に変えることで、人に伝えたり、記録に残したりできます。

せっかくカタチの世界からファンクションの世界に入れたのに、またカタチの世界に戻るのかと思った方もいるでしょう。確かに、コトバというのもカタチです。

ただ、**同じカタチに戻しません**。そこが、ファンクショナル・アプローチの特徴的なところです。ファンクションを定義する時は、ルールに従って行います。

■名詞と他動詞の2語で表現する

そのルールとは、**名詞と他動詞**の2語で表現することです。長い言葉で説明するのではなく、短く簡潔に表現することです。ファンクションは、非常にシンプルなのです。

しかも、動詞は他動詞を使います。ファンクションは、働きや機能といった類です。つまり何かに対して、ある影響を及ぼすものです。だから、他動詞になるのです。

シンプルに表現するためには、ファンクションをしっかりと理解していないとできません。

次のようなフォーマットにあてはめて考えるとわかりやすいです。

「□□□」が、《△△△を○○する》

「□□□」はカタチの世界での表現で、《△△△を○○○する》はファンクションの世界での表現。コインの表裏の

■「を」を使うのは他動詞だから

> 他動詞は、対象に何らかの影響を及ぼす動詞。つまり、その対象を示す目的語が必要になる。目的語には「を」が続く。
> 「が」や「に」を使うのは、自動詞。自動詞は、自己完結する単なる動作を表す。つまり、目的語がないということ。
>
> 例：「メガネ」が《視力を補う》（他動詞）
> 「メガネ」で《視力が上がる》（自動詞）
> 「メガネ」は《視力に効く》（自動詞）

ようなもので、同じ対象を別方向から見ているだけです。

■実際に定義してみよう

たとえば、メガネだと、「メガネ」が、《視力を補う》となります。メガネは、カタチの世界での表現です。言ってみれば、呼び名です。「メガネ」という代わりに、《視力を補う》モノといっても同じ対象を説明していますね。

人が本当にほしいのは、メガネではなく、《視力を補う》モノということになります。

だから、カタチで考えてカタチで議論するのではなく、ファンクションで考えてファンクションで議論するほうが、理にかなっているのです。

前項のファンクションは、こんな表現になります。

「マンホールの丸」が、《方向差をなくす》
「つり革のブラブラ」が、《横移動を許す》
「キャップのギザギザ」が、《摩擦力を増やす》

■「が」を使うのはカタチの範囲を超えないため

主語のあとに「が」をつけると、主語が主体となるため、その役割の範囲を超えることがない。しかし、主語のあとに「は」をつけると、述語が主体となるため、文章によってはその役割の範囲を超えてしまう。

例：「メガネ」は《文字を読む》モノ　→　役割の範囲を超えてしまった定義
（「が」にすると、メガネの役割の範囲を超えていることがわかる）
「メガネ」が《文字を読む》モノ？

■カタチとファンクション

これは、何ですか？

「メガネ」というモノです

それは、カタチです。
では、何をするモノですか？

《視力を補う》モノです

それが、ファンクションです

名詞と他動詞の２語で表すこと

具体的な名詞が思い込みを減らす

達成度が見えるよう定量的、または定性的な名詞に

■達成を見極めるために具体的な名詞にする

ファンクションをコトバに変える時、その名詞はより具体的なほうがよいのです。

名詞がぼんやりしていると、その役割の対象がぼんやりしてしまいます。何に対して作用を及ぼすのかが明確でないと、そのファンクションが達成したのかどうかを見極められないのです。

では、2つの方法を紹介しましょう。

■定量的な名詞を使う場合

名詞をより具体的にするために、定量的な名詞を使う方法があります。**定量的な名詞は、測定が可能です。**測定が可能ということは、ファンクションの達成を程度で確認することが可能になります。

たとえば、《部屋を明るくする》を《照度を上げる》のように変えてみます。

そうすると、役割の対象が「部屋」というぼんやりとしたものから、「照度」という測定可能なものに変わります。どこまで照度が上がっているかが明確になるので、その役割が達成しているか、していないかがはっきりします。

コツは、形容詞を使わず数詞で表現することです。形容詞は、その人の感性に依存します。同じ照度でも、明るく感じる人もいれば、暗く感じる人もいます。

一方、数詞は、人の感性に依存しません。共有の尺度で

■定量的な名詞を使う

×		○
×《広告を出す》	➡	○《認知度を高める》
×《空気を温める》	➡	○《室温を上げる》
×《凸凹をなくす》	➡	○《段差を減らす》
×《再来店を早める》	➡	○《来店頻度を高める》
×《お客を引き留める》	➡	○《お客の滞在時間を延ばす》
×《提供を早くする》	➡	○《提供時間を縮める》
×《隙間を作る》	➡	○《距離を広げる》

表現できるため、違いが生じることがありません。

■定性的な名詞を使う場合

感性が対象になる場合は、定量的な名詞ではなく定性的な名詞を使います。測定はできませんが、**程度の違いを比べることができます**。比べられるということは、達成の確認もできるということです。

たとえば、《制服を着る》を《見た目をそろえる》に変えてみると、効用の対象が「制服」というぼんやりとしたものから、「見た目」という比較可能なものに変わります。どこまで見た目がそろっているかを見れば、その効用が達成しているか、していないかがはっきりします。

コツは、ファンクションが達成したかどうかを判断している感性に着目することです。「制服」を着ているかどうかを、どこで判断しているかです。それが「見た目」だとわかれば、それを使った表現にすればよいのです。

■定性的な名詞を使う

✕《警備員を立たせる》	➡	○《安心感を高める》
✕《椅子を替える》	➡	○《座り心地をよくする》
✕《証拠を示す》	➡	○《信用度を高める》
✕《金属素材を使う》	➡	○《高級感を高める》

■ヒーターは何をするモノ？

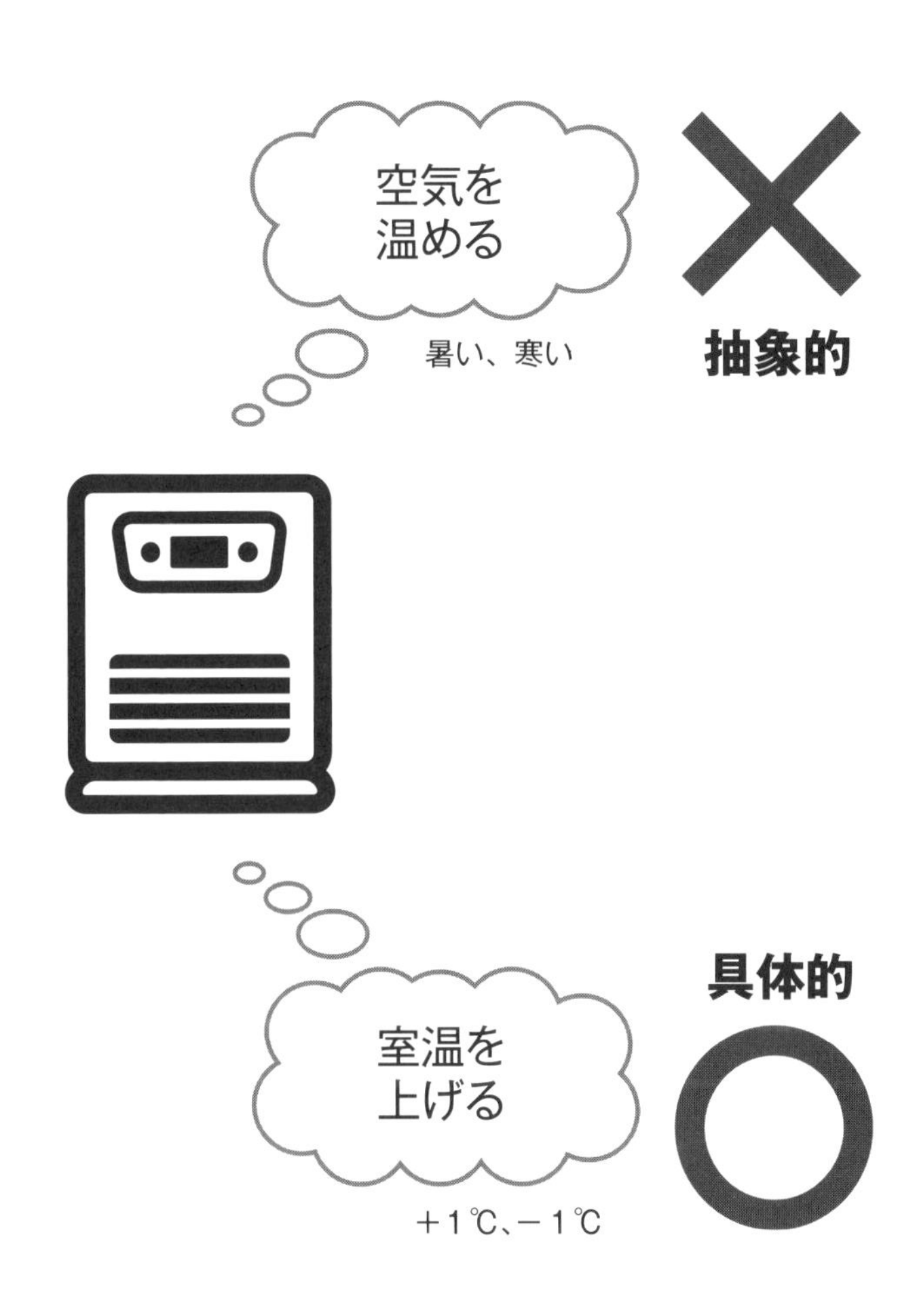

測定できるよう、具体的な名詞を使うこと

抽象的な他動詞が視野を広げる

より自由な発想のためにも抽象のはしごを上がる

ファンクションをコトバに変える時、その動詞はより抽象的で、より一般的な表現のほうがよいのです。

動詞がはっきりしていると、その役割の手段がはっきりしてしまいます。手段がはっきりしてしまうと、先入観や固定観念の影響を受けます。**発想の視野を広げるためにも、動詞は抽象的なほうがよいのです。**

■抽象のはしごを上がる

動詞をより抽象的にするために、抽象のはしごという方法があります。動詞の抽象度を、はしごを上がるように高めていくという意味です。

たとえば、《注文メモを読み上げる》では、「読み上げる」という手段を前提としてしまいます。

これを、《注文メモを伝える》のようにして、抽象のはしごを上がります。そうすると、手段の範囲が広がります。さらに、《注文メモを確かめる》とすると、さらに広がります。

手段を限定せず視野を広げられる動詞にしておくと、創造範囲が広がるのです。

コツは、「それをすれば達成したことになるのか」と問うこと。「読み上げれば達成したことになるのか」と問えば、伝えることに気づきます。さらに、「伝えれば達成したことになるのか」と問えば、確かめることに気づきます。

■大和言葉を使う

動詞をより抽象的にするために、和語動詞を使う方法が

■抽象度を高める

✕《雑草を刈る》	➡	除く	➡	○《雑草をなくす》
✕《穴を開ける》	➡	作る	➡	○《穴を得る》
✕《販売量を数える》	➡	調べる	➡	○《販売量を知る》
✕《内容を話す》	➡	示す	➡	○《内容を伝える》
✕《ルールを記す》	➡	掲げる	➡	○《ルールを広める》

あります。漢語動詞、熟語動詞、カタカナ動詞を使わず訓読み動詞を使うということです。動詞の持つ意味を誤解されずに、確実に伝えるためです。

たとえば、《状況を確認する》という言葉は、「確かめる」「認める」の2つの異なるニュアンスが1つになっています。

ニュアンスがぶれてしまうと、思ったように視野が広がりません。時には、まったく逆の意味で広がったりするので、シンプルな動詞を使うのがよいのです。

コツは、小学生に説明するならどのように表現するかです。「確認する」が通じない時を想定してみるということです。もし小学生に「状況を確認する、ってどういう意味?」と問われた時、どこまで言い換えられるかです。

大人の言葉には、解釈に幅があることが多く、誤魔化したり、煙に巻いたりする時にも使います。ここでは、あえて子どもの言葉で表現するのがコツなのです。

■大和言葉でニュアンスを絞る

《現場を把握する》 → わかる? 知る?

《費用を確保する》 → 増やす? 残す?

《情報をリリースする》 → 広げる? 公開する?

《売り場を縮小する》 → 縮める? 小さくする?

《組織をマネジメントする》 → 管理? 経営?

《ドアを開閉する》 → 開く? 閉じる?

■抽象のはしご

抽象的（目的）

穴を得る

穴を作る

穴を開ける

穴を削る

鉄板に
ドリルで…

具体的（手段）

視野を広げるためにも抽象的な動詞を使うこと

本質を確実につかむ

より目的に近い効用をＦＡＳＴダイアグラムで見つける

■何のためかを考えると本質に近づく

問題から得られたファンクションは、本質に近いものから、手段に近いものまで、その程度はさまざまです。より本質に近いものを見つけるために、ロジックに従って整理していく必要があります。

その時のロジックは、**「目的―手段」**です。あるファンクションが、別のファンクションを達成するための手段と考えてみます。そうすると、次の質問が出てきます。

「それは何のため？」

■FASTダイアグラムを使った整理

より目的に近いファンクションが見つかれば、そちらを優先的に考えていきます。

たとえば、店内照明の《照度を上げる》というファンクションで考えてみます。何のために《照度を上げる》のかというと、《商品発見率を高める》ためだとわかりました。

そうすると、より達成したかったのは《商品発見率を高める》ほうになります。《照度を上げる》ことにこだわる必要はないということです。

もし、照度を上げなくても、商品発見率が高まる方法が見つかれば、そちらの方法に切り替えてもよいのです。

そしてさらに、何のために《商品発見率を高める》のかという問いかけをします。そして、《顧客接点を増やす》ことが目的なのだとわかるのです。

これを繰り返し行っていくことで、さまざまなファンク

■整理技法のFAST(ファスト)ダイアグラム

> FASTはFunction Analysis System Technique の略で、ファンクションを効果的に整理するために、1965年にチャールズ・W・バイザウェイ氏により開発されたダイアグラム(図表)のこと。その後、多くのロジックツリーに影響を与えた。

ションを1つのダイアグラムにまとめます。この図を「FASTダイアグラム」といいます。

■キー・ファンクションがポイント

69ページ図のように、左にいくほどより上位の目的を示します。そして目的は集約され、1つにまとまります。とくに、ポイントとなるのが「キー・ファンクション」。それが、極めて重要な本質を示しているからです。

問題の改善点を、個々のアクションのレベルで考えるのではなく、キー・ファンクションのレベルで考えます。69ページの例で言えば、本当に達成すべきなのは、《照度を上げる》ことではなく、《顧客接点を増やす》こと。だから、キー・ファンクションから考えていくのです。

このように問題分析ができると、**問題そのものに対する先入観や固定観念から逃れられます**。そして、よりクリエイティブに思考できるようになるのです。

■キー・ファンクションとは

ファンクションのうち、その対象の存在意義や購買理由となるレベルのもの。複数ある場合、おのおのは独立していなければならず、相互に目的と手段の関係にある場合は、より目的に近いものがキー・ファンクションとなる。

■商品陳列のFASTダイアグラム(一部抜粋)

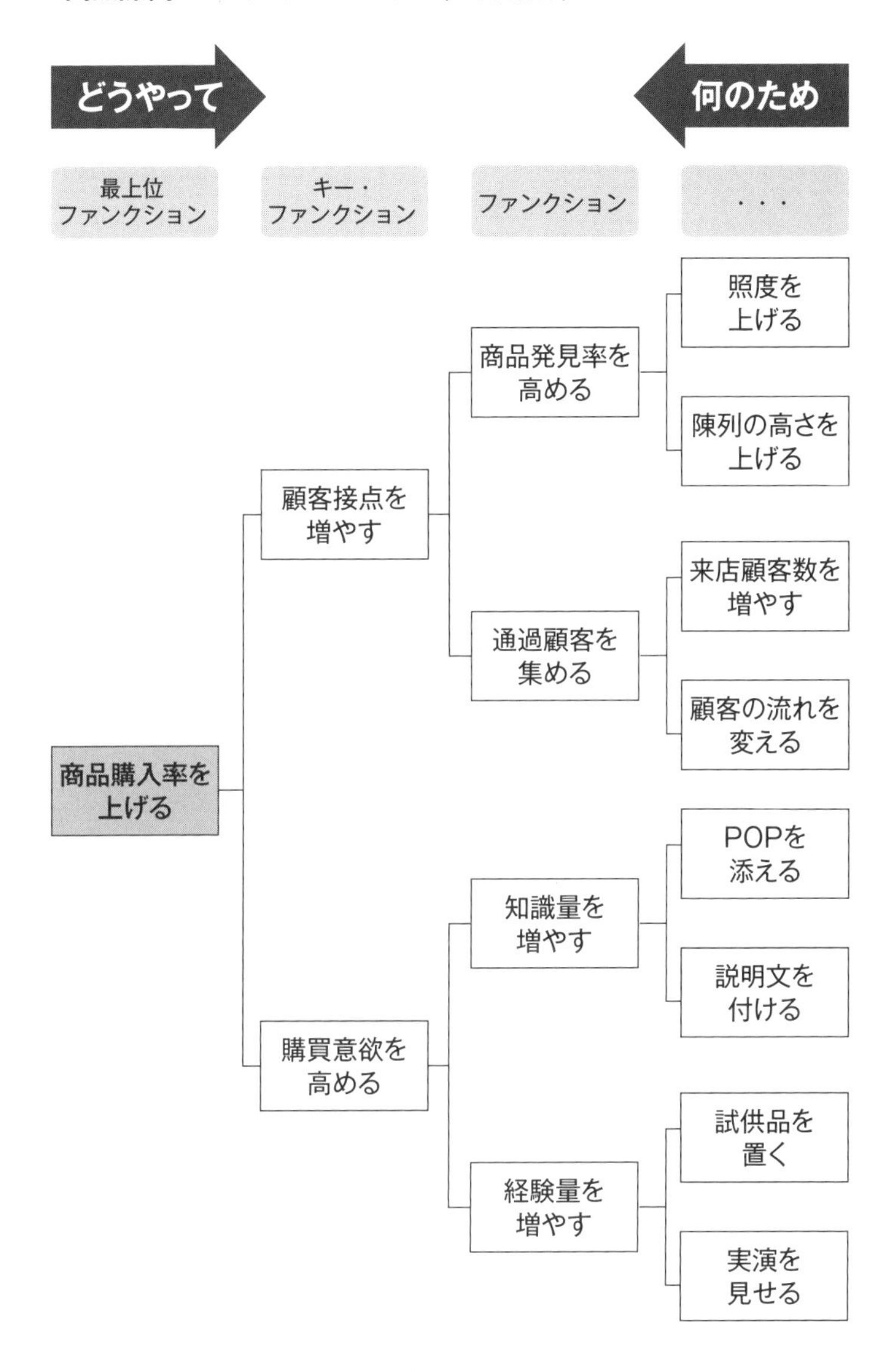

FASTダイアグラムで整理すること

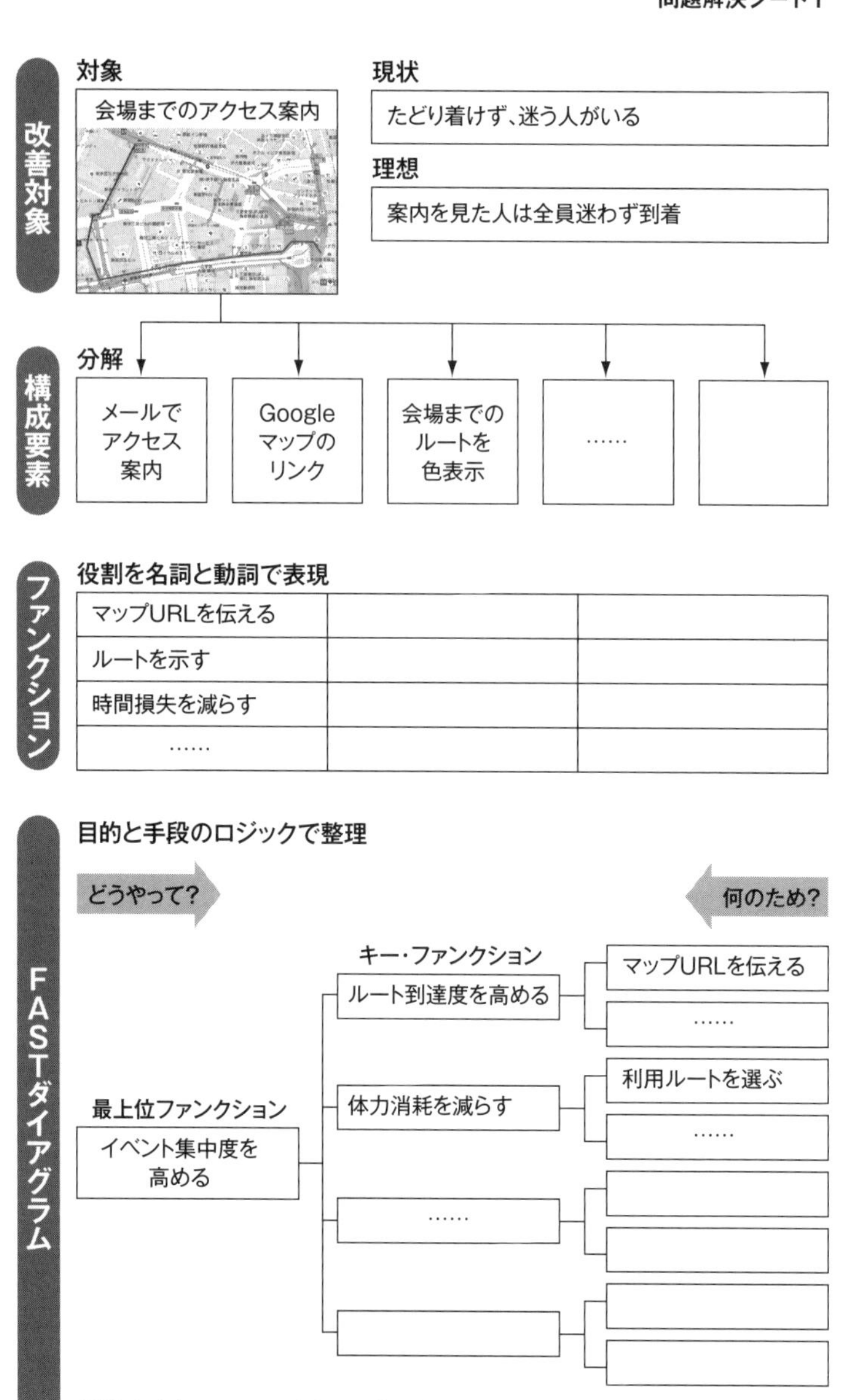
改善対象
対象
会場までのアクセス案内
現状
たどり着けず、迷う人がいる
理想
案内を見た人は全員迷わず到着
構成要素
分解
メールでアクセス案内
Googleマップのリンク
会場までのルートを色表示
……
ファンクション
役割を名詞と動詞で表現
マップURLを伝える
ルートを示す
時間損失を減らす
……
FASTダイアグラム
目的と手段のロジックで整理
どうやって？
何のため？
最上位ファンクション
イベント集中度を高める
キー・ファンクション
ルート到達度を高める
マップURLを伝える
……
体力消耗を減らす
利用ルートを選ぶ
……
……
創造するキー・ファンクションを選択

第3章

新しい方法を生み出すための「創造」

優れたアイデア発想のために、脳のメカニズムを理解する。

創造とはイチから創り仕上げること

イチから始めるためのヒラメキの火種を科学的に起こす

創造の「創」という字は、刀で切ったキズから来ており、そこからモノ・コトを始めるという意味になります。「造」という字は、あるところまで届く意味の「告」から来ており、モノ・コトを仕上げるという意味になります。

簡単に言えば、創造とはすでにあるモノ・コトを使って仕上げるのではなく、**イチから始め仕上げていくことです。**

ただ、創造といっても人為的な範囲であり、天から降りてきたり、地から湧いてきたりする類ではありません。ただ待っているだけでは、何も出てきません。

そこには、新しい価値を生み出すための正しい理論と、

■創造とは生み出し仕上げること

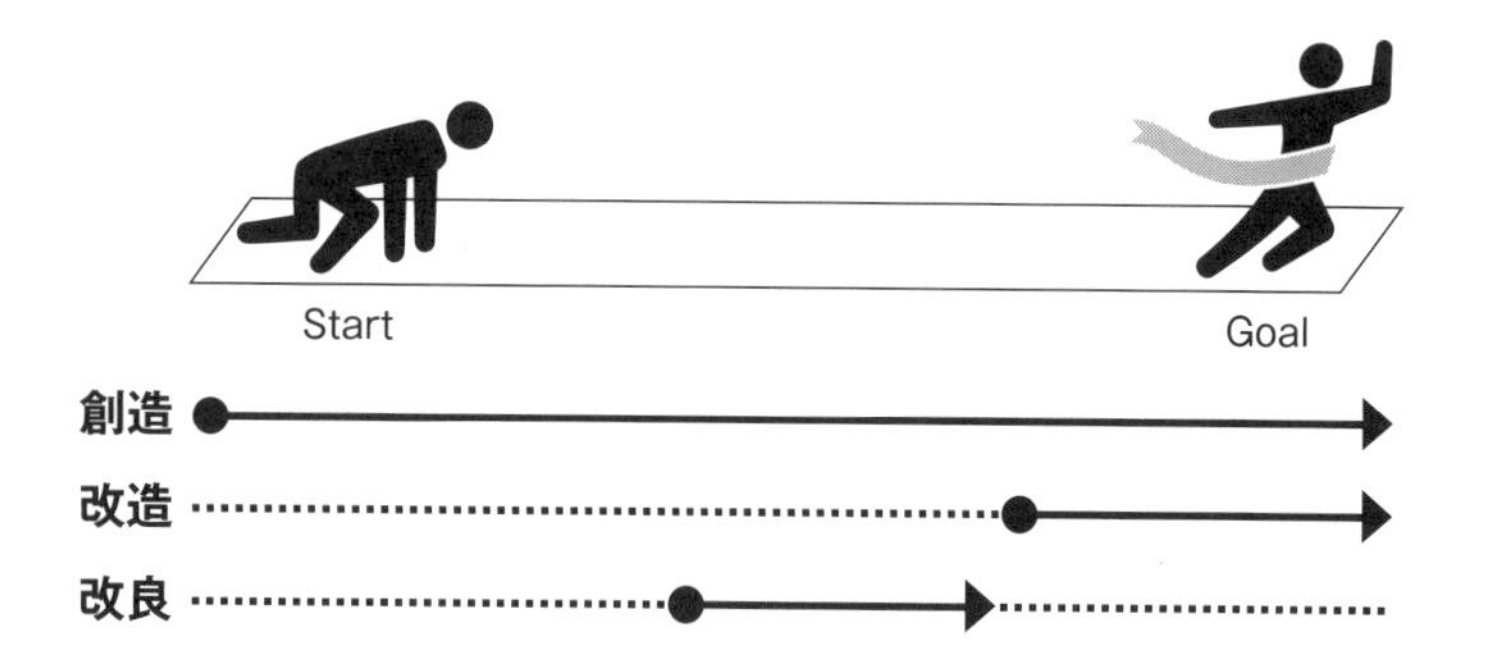

多少の努力と多少の苦労が必要です。

■ヒラメキの科学

技術として、創造スキルを身に付けていただきたいのです。とくに、創造の「創」の部分です。

つまり、創造の切っ掛け、緒（いとぐち）、芽、火種です。いずれも、とても小さく見落としがちで、瞬間的に強く現れます。これを、ヒラメキといいます。

ヒラメキを人為的に起こりやすくすること、そして、それを見逃さないことができれば、創造は一気にやりやすくなります。これが、ヒラメキの科学です。

ヒラメキは一瞬ですが、それが継続するとキラメキになり、やがて人の心を捉えるとトキメキになります。

はじめからときめくような完成度の高いアイデアが出るのではありません。ささいな切っ掛けから、徐々に育てていくものなのです。

■創造に必要な3つの要素

創造するためには、3つの要素がそろわないといけません。それは、**技術・環境・動機**の3つです。

創造する技術は、本人がすでに持っている能力で、事例や技法のような知識的技術と、成功や失敗のような経験的技術があります。

創造する環境は、その技術を存分に発揮できるお膳立て。物質面での創造しやすい物理的環境と、精神面での創造しやすい心理的環境があります。

創造する動機は、技術と環境を生かそうとする決意であり、賞罰や処遇に関わる外発的動機と、やりがいや自己実現に関わる内発的動機があります。

以上の3つの要素を整えて、活用していくことがヒラメキの科学であり、科学的創造といえます。

3つそれぞれのやり方を、次から解説していきます。

技術

環境

動機

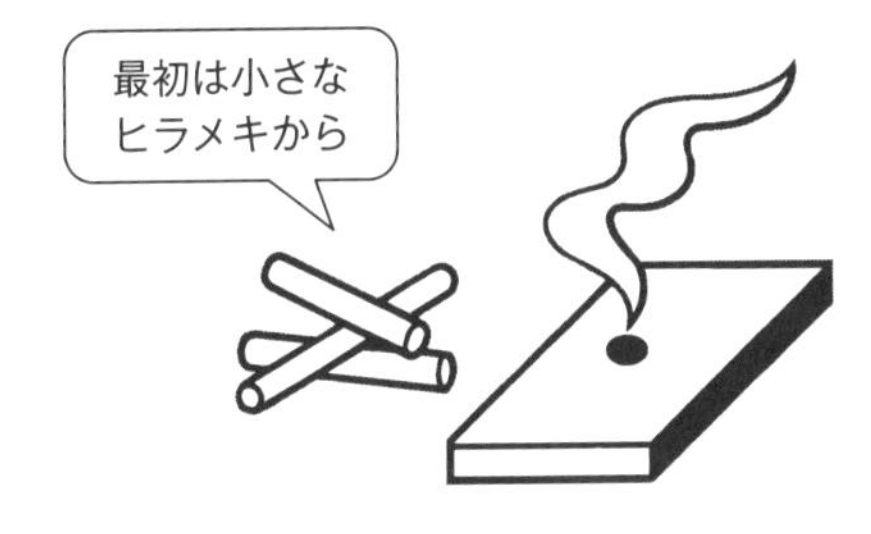

ヒラメキ

注意

大きな火（画期的な商品など）を見て「どこかに同じような火があるのでは？」と探すから、いつまでも火が起こせない

トキメキ

待っていないで、科学的に努力すること

創造のための要素1 ①

知識的技術をそろえる

数あるアイデア発想技法の特徴を理解して使う

知識的技術は、能力のうちの知識に関わるものです。知識がまったくない人からは、ヒラメキは出てきません。

ヒラメキというのは、過去の知識に、何らかの作用や操作を加えることで、そこにわずかに生まれるものです。つまり、過去の知識という素材と、作用を加える道具が必要なのです。

それは、料理のようなもので、素材に何らかの加工や処理をすることで、美味しさを引き出すのと似ています。

プロの料理人は、いい素材をたくさん知っています。新しい素材と出会うための努力もしています。そうして、素材の知識を増やしているのです。

そして、道具もたくさん持っています。素材によって、状況によって、出したい味によって、道具を使い分けています。効果的に思いどおりの味を引き出せるのも、その道具をたくさん持っているからです。

■素材としての過去の知識

事例や前例は、知識として必要です。自分の業務や問題に関連する知識だけではなく、ほかの業種や業界の知識も役立つので、できるだけ多くの知識と接することです。

創造は、イチから始め仕上げていくことと書いておきながら、矛盾していると思われるかもしれませんが、素材としての知識は不可欠です。

そのために、量的にも質的にも優れた知識を心がけることです。そして、ただ単に左脳に情報としてため込むのではなく、自分なりに理解して右脳にも蓄えておくことです。

■料理は、素材と処理の両方が必要

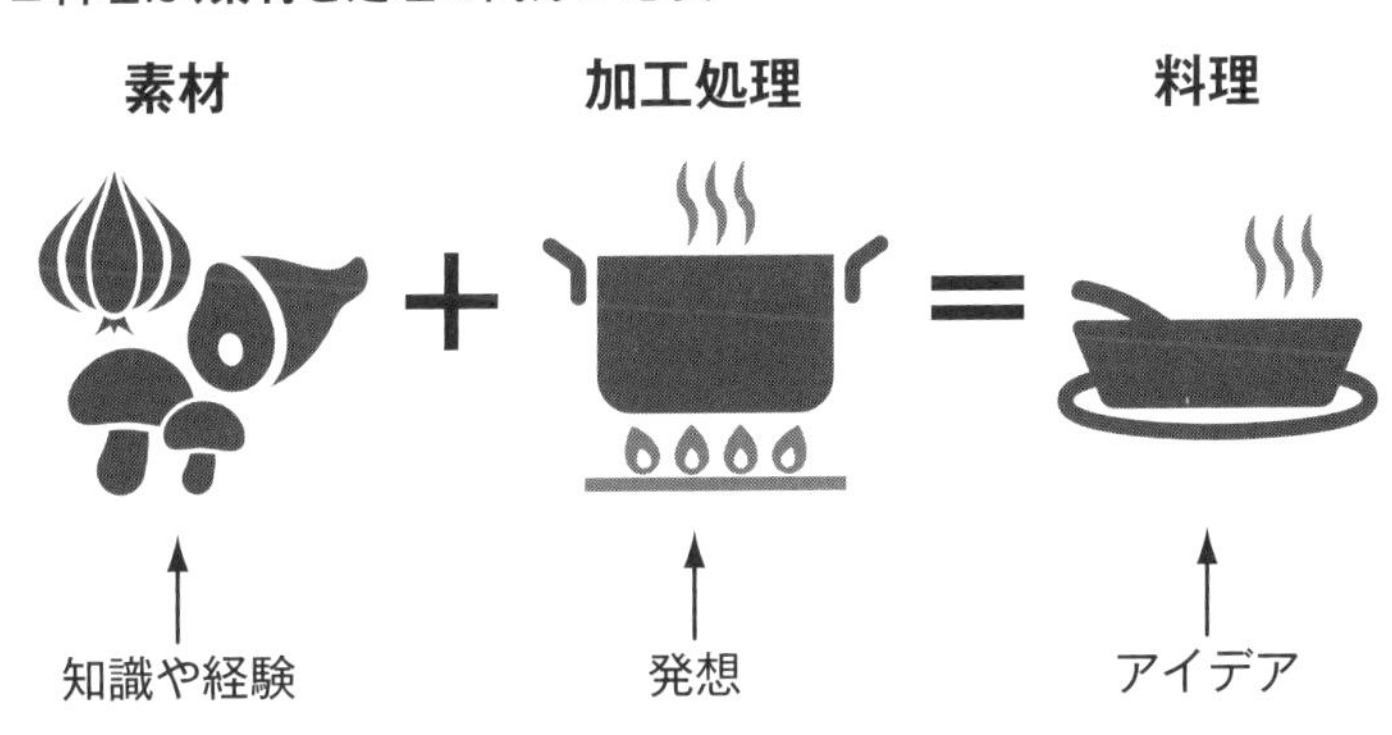

「変わっている」「面白い」「新しい」などの感想を自分で持つということです。

■アイデア発想技法

各種技法には、ブレインストーミング法をはじめ、世の中にたくさん開発されています。それぞれの技法には特徴があり、よく理解して複数の技法を使えるようにしておくことです。

技法に関する情報は、書籍やネットでいくらでも手に入ります。ただ知識として覚えるだけでなく、実際に使ってみましょう。

どの技法にもいえることは、**技法そのものがアイデアを出すのではなく、技法を使った人に作用し、アイデアが出やすくなるということです**。

その特徴から、経験型・分析型・類比型・印象型・偶発型の5つに分類できます（79ページ図参照）。

■アイデア発想技法の5つの分類

経験型発想技法	経験則を利用してヒラメキを得るもの	有効な経験から経験則を導き出し、それらを強制的にあてはめる。出てきたものを直接利用したり、加工したりして利用する	チェックリスト法、TRIZ法など
分析型発想技法	分析結果を利用してヒラメキを得るもの	ほかの対象やほかのアイデアを比較分析したり、分類整理したり、分解加工したりして、そこから得られた結果を利用する	KJ法、テアダウン法、セブン・クロス法など
類比型発想技法	類似性を利用してヒラメキを得るもの	一見対象とは独立しているように見えるが、類似性や同一性に着目して結び付け、そこから得られるものを利用する	シネクティクス法、NM法、等価交換法など
印象型発想技法	感受性を利用してヒラメキを得るもの	空想、夢、催眠、写真、音楽、体感覚などから受ける印象を利用。直接利用したり、発展させたり、抽象化したりする	イメージ発想法、睡眠技法など
偶発型発想技法	偶発性を利用してヒラメキを得るもの	でたらめに出したり、こじつけたり、無秩序に考えたりして、偶然出てくるものを利用する	ブレインストーミング法、ゴードン法、質問法など

技法をよく理解して、使うこと

経験的技術を知る

ヒラメキのための反応性と柔軟性は好奇心が育む

経験的技術は、刺激に対する反応性や思考に対する柔軟性に長けていることです。知識的技術と合わせてうまく活用すると多量のヒラメキが手に入ります。

反応性と柔軟性は、経験の質と量に依存します。いかに良質の経験を日々増やしているか、どれほど常日頃から、頭を柔らかく、回転を速くしているかというところにあります。

■勝手に発想

反応性をよくするためには、毎日、何かのアイデアを発

想することです。勝手に発想というのは、頼まれてもいないのに、勝手にアイデアを発想してみることです。

日常の活動の中にある気になったモノ、ちょっとしたコトでかまいません。自分の頭で考えたアイデアを出す癖を付けることです。

「自分ならどうする」
「私ならどう考える」
「これでもできそうだ」
「こんなやり方もある」

それを自分の習慣とするために、記録を取っていくのもいいでしょう。ツイッターやフェイスブックを使うのもいいですね。写真を撮って、勝手に発想して投稿するのです。仲間同士で、「いいね」し合うと継続もできるでしょう。

■仲間と発想

柔軟性をよくするためには、仲間と発想を競い合うこと

■勝手に見つけ、勝手に発想し、勝手にアップ

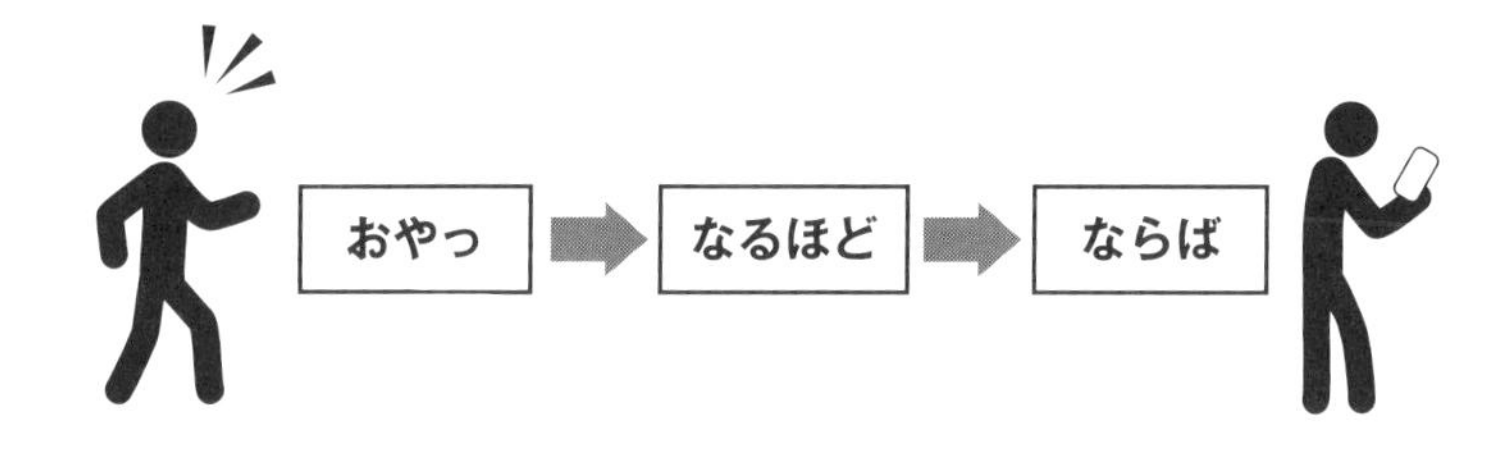

です。自分1人では出てこないような発想と接する機会を増やすことです。

仲間と一緒に発想し、発想の過程で出てきた突飛なアイデアや、奇想天外な着眼に接することです。脳に、そういう体験をさせることが、柔軟性を高めるためには大切です。

■道草、寄り道、回り道

とにかく、たくさんの刺激を日々受け続けることです。そのために、いつもと同じ行動ばかりではなく、**いつもと違う行動をとる努力をすることです**。

私は、この行動を「道草、寄り道、回り道」と呼んでいます。会社から駅、駅から自宅。いつも同じルートをとおるのではなく、ちょっと回り道をしてみるということです。

そうすると、新しいモノ、違ったコトに出会います。そういう刺激を積極的に受け、興味を持つことが経験値を高めていくのです。

■道草、寄り道、回り道で経験値を上げる

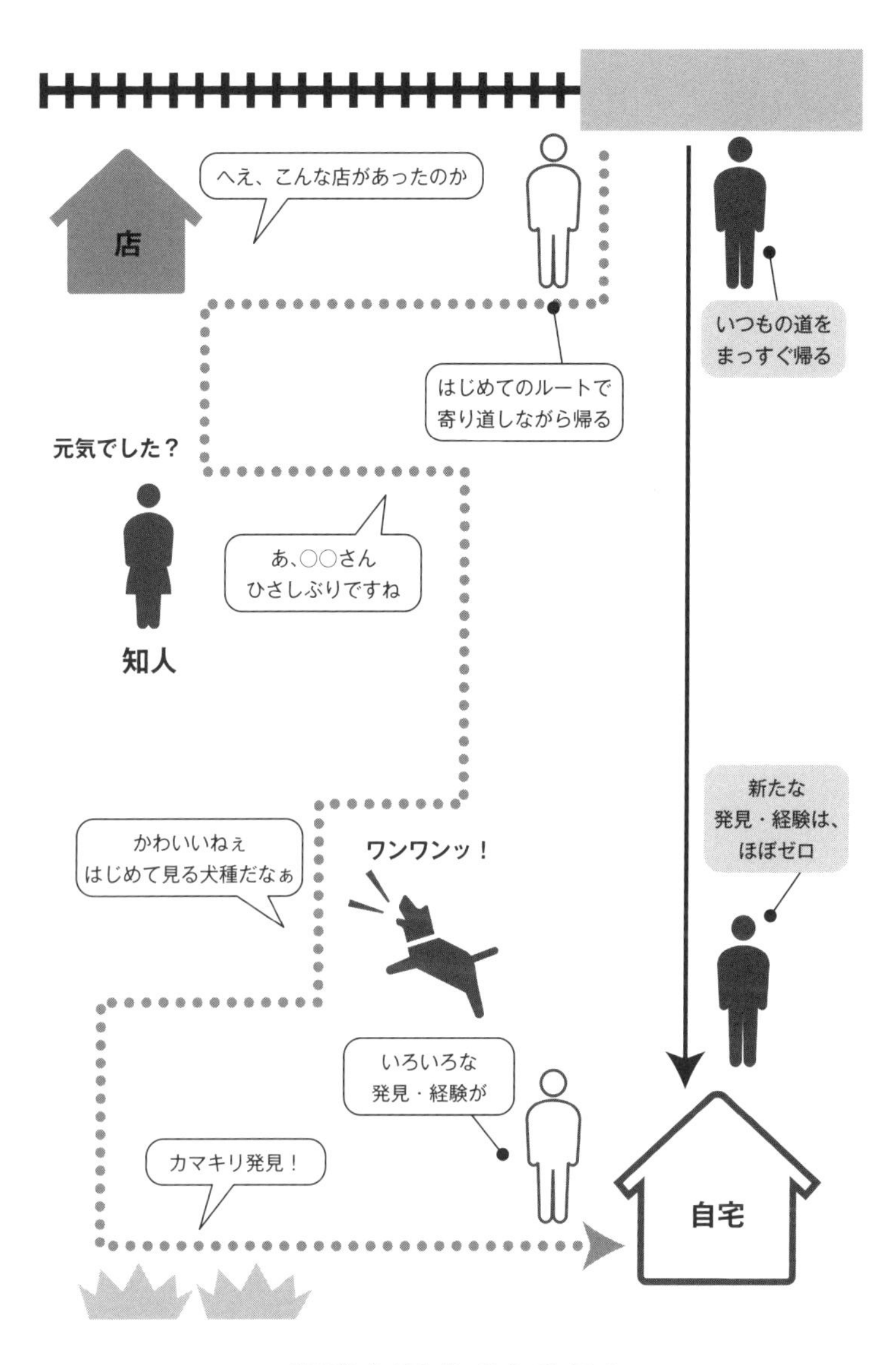

好奇心旺盛であること

創造のための要素2

環境を整える

ひらめきやすい物質的・心理的環境を作る

■発想に適した物質的環境を用意する

創造に適した環境があります。それは、物質的環境と心理的環境です。

物質的環境とは、発想に適した場や道具をそろえること。とくに、次の4つの環境は大切です。

1．区切られた空間

もっともよいのは、会議室のように周りと区切られた空間。視覚的に区切るだけでなく、聴覚的にも、臭覚的にも区切ることです。隣が騒がしかったり、美味しそうな匂い

■創造する環境

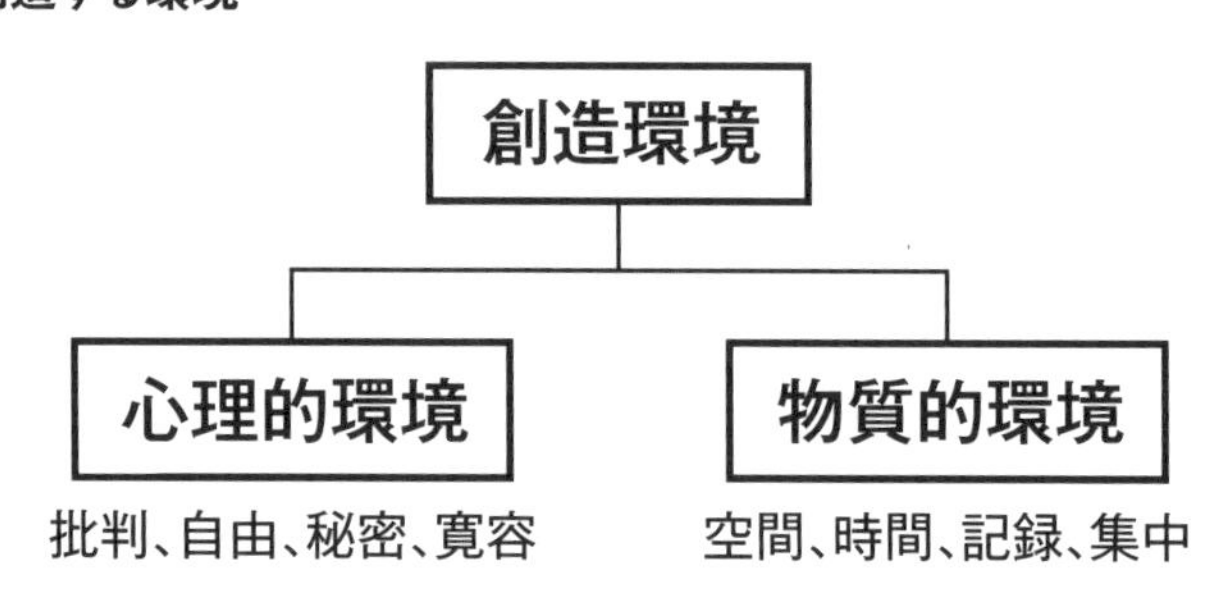

が漂ってきたりしたら、発想に集中できませんね。できれば、広めの会議室で窓があると、気分も開放的になります。

2. まとまった時間

とぎれとぎれに発想するのではなく、集中したほうが、普段の思考から離れて発想の世界に入り込めます。脳内の「やる気ホルモン」の効果が出るまでに、時間がかかるからです。ひとたび分泌されると効果は持続します。

3. 記録できる環境

ヒラメキは瞬間的なもの。1つ残らず記録し見える状態にしておくことです。動画や音声として記録するのではなく、紙とペンで記録します。いつでも、誰でも見て確認することができます。できれば大きめの模造紙を使います。サイズはA1がよいでしょう。ホワイトボードを使ったり、パソコン＋プロジェクターでも代用できます。

4. 邪魔されない環境

人が入ってきたり、電話がかかってきたりすると集中も

■やる気と集中を引き出すホルモン

ドーパミン； 興奮物質。モノやコトに対してやる気になれるホルモン。「よーし！」とか「うほっ！」という気分になります(o^ ^)o

セロトニン； 陶酔物質。精神が安定し心が満たされ、本気の出るホルモン。「愉しいっ！」とか「♪～！」という気分になります＼(^o^)／

■集中を終わらせるホルモン

ノルアドレナリン； 覚醒物質。突然気分を変え、気づきを与えるホルモン。「やばっ！」とか「なにぃ！」という精神状態になります(@_@)

途切れます。むやみに中断されないように、会議室のドアに張り紙をしたり、スマホの接続を切ったりする工夫をします。できれば、職場から離れた会議室がよいでしょう。邪魔が入ると「覚醒ホルモン」が出てしまうからです。

■発想しやすい心理的環境を作る

心理的環境とは、発想者の精神面に関わる環境のことです。とくに、次の4つの環境は大切です。

1. 批判されない環境

一緒に発想している仲間が批判しないような環境です。発想と同時に判断していると、「否定されるかも」「笑われるかも」とか、仲間の顔色をうかがうようになります。これでは、心理的なブレーキがかかり、発想できません。創造する時は、判断を後回しにします。

2. 許されている環境

少々、乱暴な発想であっても、多少ふざけた発想であっ

■ひらめきやすい環境

ても、許すことです。会社の規定や、社会の常識といった制限から解放されることです。時には、法律やモラルの範囲を超えてもいいのです。いいアイデアが出るための練習だと割り切って、すべての発想を受け入れます。

3. ばれない環境

記録に残しますが、誰が言ったかが残らないようにすることです。特定の人物や組織を対象にしたアイデアも出していくことです。はじめは愚痴のようでも、その場限りにしておくと、やがて創造的なアイデアになっていきます。

4. 怒られない環境

発想していても、発言がなければ、アイデアにはなりません。たとえ、あとで記録を見た人が怒るようなアイデアでも、意図的にあえて出しているのだと前置きしておくことで、何を言ってもよい無礼講、免罪符のような環境ができます。これを用意すると、人はここぞとばかりに発言し始めるものです。

創造のための要素3

価値を使った動機づけ

投資と効用を軸に改善すべきファンクションを見つける

■ 動機づけに重要な「価値」とは「値打ち ÷ 原価」

創造への動機づけの方法を説明します。一言で言えば、改善点を浮かび上がらせること。どこに問題があるのかがわかれば、そこに創造の努力を集中できるからです。

浮かび上がらせる時に使うのが「価値」という概念。ビジネスでよく聞きますが、なかなか一言では言い切れないほど多くの意味を持っています。ここでは、経済的な価値として扱います。

経済学では、2つの考え方があります。1つは、そこにかける資源の量で測るものです。費やす**投資や労働をもとに数値化したもの。いわゆる、原価です。**

もう1つは、そこからもたらされる効用の大きさを測るもの。**保有や使用によって得られる期待をもとに数値化したものです。いわゆる、値打ちです。**

この原価と値打ちを使って、価値を計算します。その式は、価値の基本式と呼ばれるとても単純なものです。

価値をV(Value)、値打ちをW(Worth)、原価をC(Cost)で表すと、V=W/Cとなります。

つまり価値とは、モノやコトの有用性の度合いであり、費やす資源に対する得られる効用の比率で計算されるものです。

■キー・ファンクションの価値を測る

51ページで説明したように、問題の改善点は、モノやコトといったカタチで考えるのではなく、キー・ファンク

■価値の基本式

$$\text{Value} = \frac{\text{Worth}}{\text{Cost}}$$

Worth ⬅ 手に入れることで得られる効用

Cost ⬅ 手に入れるために費やす資源

■価値が向上する５つのパターン

$$V\nearrow = \frac{W\searrow}{C\downarrow} \text{ or } \frac{W\rightarrow}{C\searrow} \text{ or } \frac{W\nearrow}{C\searrow} \text{ or } \frac{W\nearrow}{C\rightarrow} \text{ or } \frac{W\uparrow}{C\nearrow}$$

ションで考えるほうが理にかなっています。

そこで、キー・ファンクションごとに価値を測っていくのです。それぞれの投資と効用の大きさを測ります。

それを、アプローチ・チャート（91ページ図参照）と呼ばれる図上にプロットすることで、**改善すべきキー・ファンクションが浮かび上がります。**

たとえば、69ページ図の商品陳列でいえば、《顧客接点を増やす》ための投資額と《購買意欲を高める》ための投資額を測ります。そして同時に、それぞれの効用の程度を測ります。

そうすると、購買意欲を高める価値は十分に高いけれど、顧客接点を増やす価値は低いことがわかります。

つまり、商品陳列のやり方での改善点は、より改善の必要がある顧客接点の増やし方にあったということ。創造する労力を顧客接点の増やし方に集中すれば、この商品陳列の問題は解決できることを意味しています。

■アプローチ・チャート事例

得られる効用(W) ＼ 費やす資源(C)	少ない	やや少ない	中位	やや多い	多い
高い	S	S	A	A	B
やや高い	S	A	A 購買意欲を高める	B	C
中位	S	A	B	C	C
やや低い	A	B	C	C	D 顧客接点を増やす
低い	B	C	D	D	D

S:価値が高く、改善する必要はまったくない
A:価値が結構高く、改善の必要はない
B:価値は中位で、必要に応じて改善する
C:価値がやや低く、改善する必要がある
D:価値が低く、必ず改善しなければならない

アプローチ・チャートで、現在地を見る

オペレイティブからクリエイティブに

記憶による案を出しきってはじめて、脳は創造し始める

■創造はオペレイティブにはできない

創造にあたって、クリエイティブな思考と、オペレイティブな思考はまるっきり違うことに、まず注意すべきです。創造は、オペレイティブにはできません。

よくビジネスで行っているような、落とし所を決めたり、シナリオやストーリーを描いたりといったことはしません。**結論ありきの活動はクリエイティブとはいえません。**

議論の末の合意だとしても、そこには、トキメキも、キラメキもありません。ヒラメキの科学とは程遠いのです。

■オペレイティブな思考は確実性の追究

やり方が決まっており、そのとおり実行すれば、誰がやっても同じ成果が得られる活動は、オペレイティブです。IE、TOC、ISO、6σ（シックス・シグマ）といった管理技術は、模倣性、確実性、再現性の追究です。計画どおりの成果を安定して得ようとするものです。

アイデア発想にまで、そのオペレイティブなやり方で実行しようとする人がいます。「○○時間で、○○個のアイデアを出す」と決め、過去の成功事例を集めたり、知っている情報をまとめたり。それらを理詰めで消去していき、残ったものを必然的な案にするやり方です。しかし残念ながら、独創性のあるアイデアは湧いてこないでしょう。

■クリエイティブな思考は特異性の追求

やり方は自由で、実行するたびに異なり、やる人によっ

■オペレイティブな活動

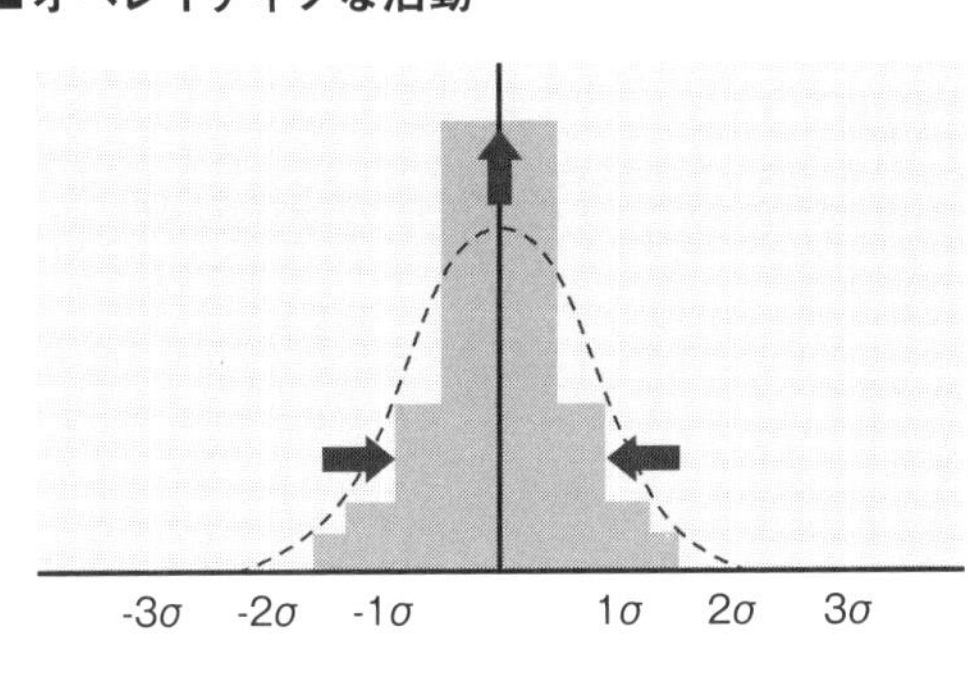

標準と異なる成果を減らし、できる限り標準どおりの成果になるように努める活動

て違う成果が得られる活動は、クリエイティブです。

アイデアの発想は、クリエイティブにいきましょう。今までと違う新規性があり、独自性のあるアイデアです。

発生ヒストグラムでいえば平均値、中央値に向かう収束的な活動ではなく、**端部や境界に向かう発散的な活動です。**

■創造は4段階で

思考がオペレイティブな間は、ヒラメキは出てきません。早く思考をクリエイティブにすることです。そのために、オペレイティブにアイデア発想する方法があります。

まず、頭の中にある記憶から出てくるアイデアを出しきります。それでも発想を続けていると、脳はアレンジを始めます。それも尽きると、やがて脳は妄想を始めます。それでも根気よく続けていると、ようやく創造し始めます。

この4段階でアイデアを出すようにすると、ヒラメキが手に入ります。はやばやとあきらめないことです。

■クリエイティブな活動

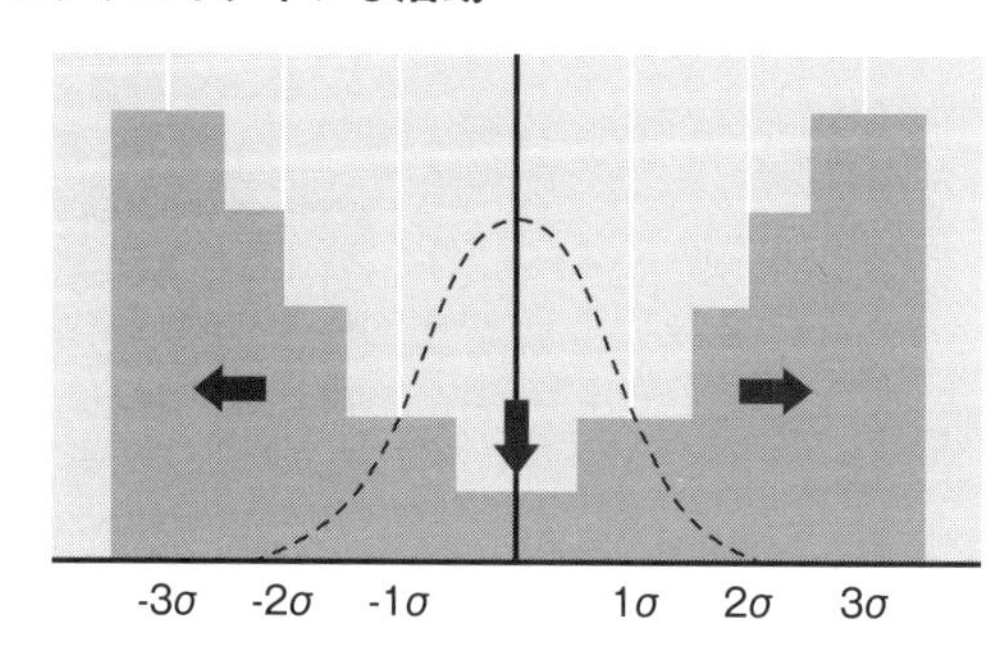

標準的な成果を減らし、できる限りほかとかけ離れた成果になるように努める活動

■時間経過とアイデアの増え方

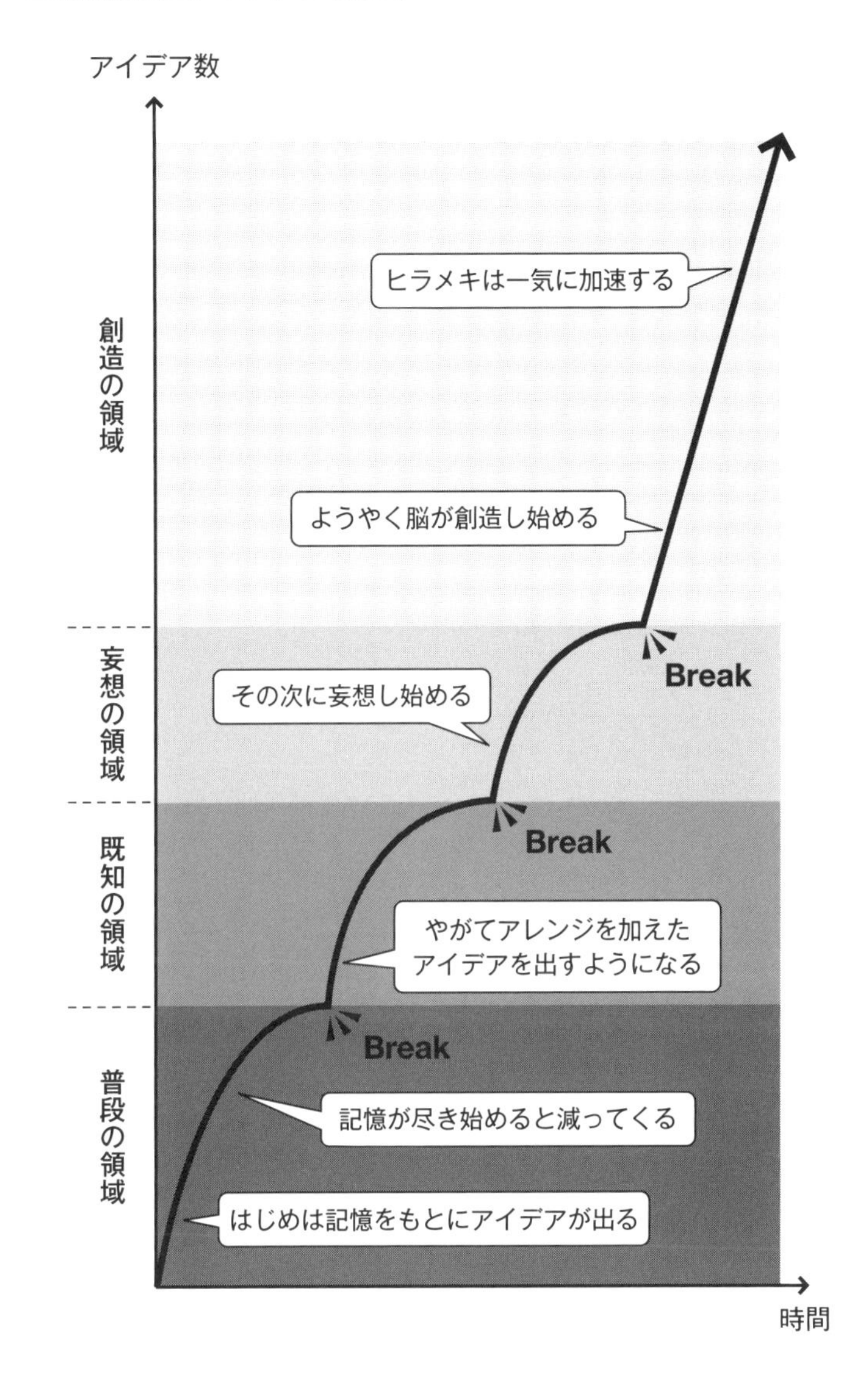

記憶を出しきり、クリエイティブになること

アイデア発想のコツは2つ

脳によい刺激を与えること、脳の反応力を磨くこと

■コツは脳への刺激の与え方

アイデアが出てくる脳内の仕組みを知っていると、ヒラメキがたくさん得られます。ヒラメキの科学です。

脳は、刺激と反応で機能しています。ある刺激が加わると何らかの反応を引き起こします。その反応によって新たな刺激が生じ、別の反応を引き起こします。この連鎖により、思考したり行動したりするのです。

つまり、**アイデア発想のコツは、刺激の与え方と、反応の起こし方にあるといえます。**

■誘因としての刺激を増やす

刺激は外的な因子であり、誘因といわれています。

あたりまえですが、刺激がないと脳は反応しません。たとえ、刺激があったとしても、よい反応をするかどうかはわかりません。仮に、よい刺激が見つかったとしても、いつも同じ反応をするとは限りません。

アイデア発想のコツは、たくさんの質のよい刺激で、誘因を増やすこと。視覚、聴覚、嗅覚、味覚、触覚の5つの感覚器官を使って、刺激します。

多くの発想技法がありますが、その多くは刺激を与える道具として開発されています。

■動因としての反応を高める

反応は内的な因子であり、動因といわれています。

誘因が増えたとしても、反応の鈍い脳では、ヒラメキは増えません。たとえ、反応があったとしても、よいヒラメキが出るかどうかはわかりません。仮に、よいヒラメキが出たとしても、いつも同じヒラメキが出るとは限りません。

アイデア発想は、**小さな誘因、異質な誘因から、反応を起こしやすくすることです**。

発想技法の中には、反応を高める仕組みを持ったものがあります。そこを理解して技法を使うと、効果的です。

■脳内ビリヤードという考え方

私は、アイデア発想をビリヤードにたとえることがあります。ビリヤードの台は、脳の中です。台の上にある数々の玉は、過去の知識と経験です。そこへ、キューという鋭い刺激が加わり、玉は勢いよく転がり始めます。

よい台は失速することなく、ほかの玉に当たったり、クッションで向きを変えたりします。やがて、ある玉がポケットに入り、アイデアが出てくるというわけです。

■アイデア発想時の脳内メカニズム

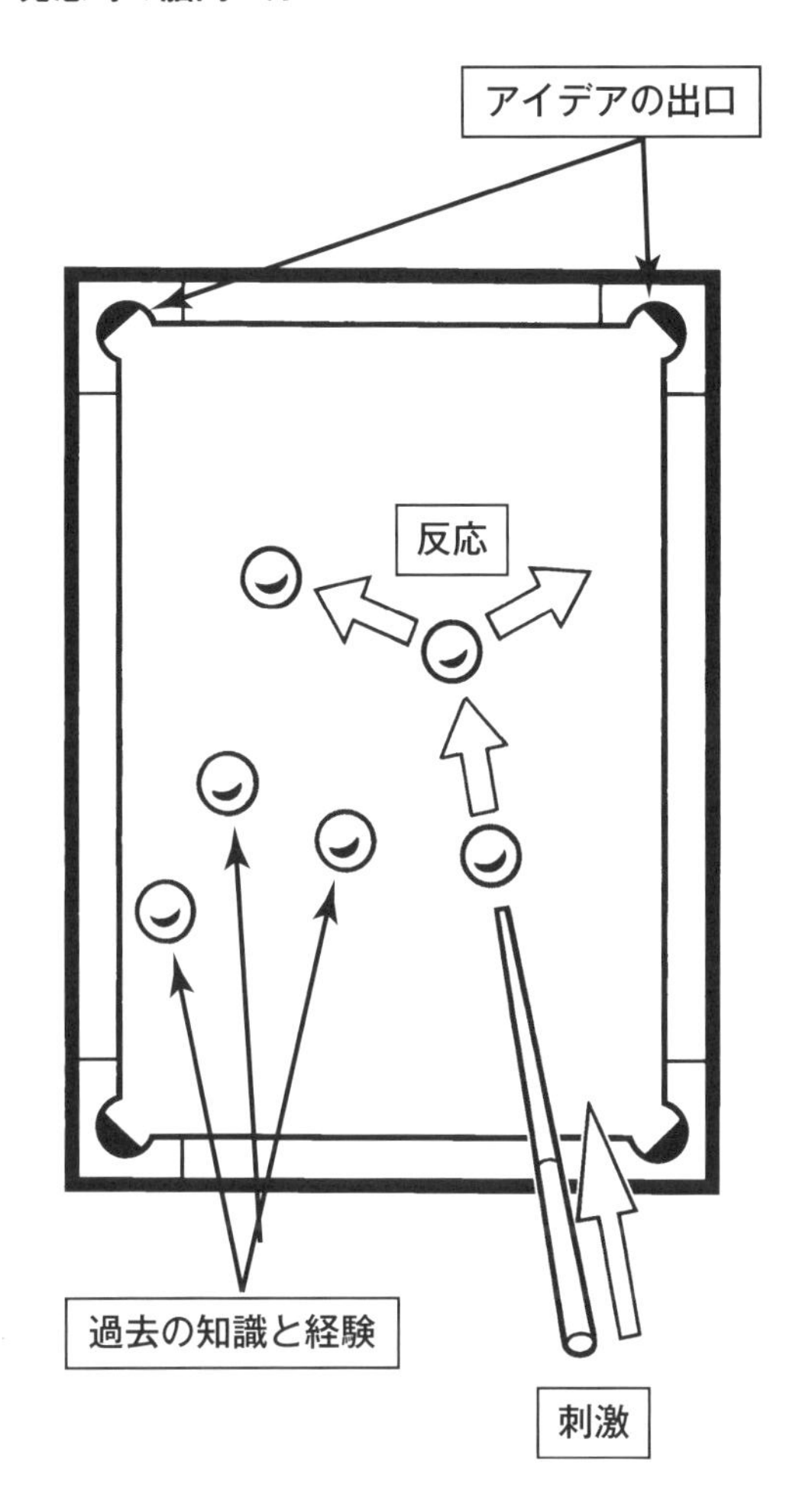

発想力につながる刺激と反応を高めること

ブレインストーミング法を基本から理解する

批判せず、自由にたくさん発想し、結合して発展させる

■判断せずに、とにかくたくさん発想すること

アイデア発想といえば、ブレインストーミング（略してブレスト）ではないでしょうか。有名な発想技法ですが、効果的な使い方を知らずに使っている人も多いのです。

開発したのは、アメリカの大手広告代理店の副社長を務めたアレックス・F・オズボーン氏で、1942年に公表した書籍を切っ掛けに世界中に広がりました。彼がもっともこだわった原則は、**「判断を後回しにする」「量を求める」**の2つです。

▩命名の由来

質のよいアイデアを得るためには、質にこだわらずに多量のアイデアを出すべきと考えました。「量が質を生む」という考えがそこにはあります。

多量にアイデアを出すために、乱暴であろうが、脈絡がなかろうが、ふざけていたとしても、意味不明であったとしても、それらを許すことを原則にしたのです。

このような発想のやり方こそが、この技法の特徴でした。そこで、重度の脳損傷患者に見られる反射異常を意味する「ブレイン・ストーミング」から命名したのです。

▩4つのルール

オズボーンは、原則どおりの発想ができるように、4つのルールを作成しました。

・量を求む

・批判厳禁
・自由奔放
・アイデアの改善結合

これらはすべて「量が質を生む」を実現するためのものです。このルールに従って発想していると、偶発的に優れたアイデアが現れるのです。それがヒラメキです。

したがって、**真面目で立派なアイデアばかりを出しているのは、本来のブレストではない**ということです。

■ルールに従ってただただ発想する

この技法は、ただ、複数のメンバーとともに、ルールに従って発想していくだけ。必要なものといえば、記録に残すための紙とペンくらいでしょうか。

低質なアイデアも含め、多量に発想するため、結構時間がかかります。脳内ビリヤードでいえば、手玉をつき続ければ、何かがポケットに落ちるだろうというものです。

■ブレインストーミングの実施手順

手 順

1. 発想する対象を決める
2. ルールをメンバーに説明する

   量を求む（質よりも量を優先すること）
   批判厳禁（出されたアイデアを批判しないこと）
   自由奔放（乱暴なアイデアを歓迎すること）
   アイデアの改善結合（ほかのアイデアに便乗すること）

3. 発想を開始する
4. すべて記録に取っていく
5. 十分な量が得られたら、発想を終了する
6. 出されたアイデアを判定する

シート

発想対象：

No.	アイデア	判定	No.	アイデア	判定	No.	アイデア	判定

ブレスト中は、判断しないこと

これまでの蓄積を生かすチェックリスト法

過去のヒラメキを順に試してアイデアを生み出す

■過去のヒラメキリストを順に試す

チェックリスト法とは、経験型の発想技法です。ブレインストーミングのような偶発型ではなく、きちっとこれまでの蓄積を生かした技法です。

過去のヒラメキを予めリスト化しておき、そのリストをアイデアの誘因として、順に試していくというやり方です。ビリヤードでいえば、決められた方向に手玉を順についてみれば、何かがポケットに落ちるだろうというものです。

網羅的に発想できることから、発想の抜けともれを防ぐ

入れ換えたらどうか

ほかの順序にしたらどうか
原因と結果を入れ換えたらどうか

反対にしたらどうか

役割を逆にしたらどうか
立場を変えたらどうか

結合したらどうか

目的を結合したらどうか
アイデアを結合したらどうか

ことができます。また、**強制的に発想する面があるため、発想を絞り込むことができます。**

一方で、経験が増えるほどヒラメキのリストは充実していきますが、膨大な量になってしまうこともあります。リストが多くなりすぎると、惰性で流してしまいがちで、脳の反応性を阻害することもあります。

対象によって独自に作成していくのが理想ですが、一般化されているリストも存在します。

■シンプルで使いやすいオズボーンのチェックリスト

ブレインストーミング法を開発したオズボーン氏は、1957年にはチェックリスト法も開発しています。

彼の作ったリストは、シンプルに一般化されており汎用性があるため、現在も使う人が多いのです。

基本的な質問は9つあり、それぞれにさらに具体的な質問があります。

■オズボーンのチェックリスト

ほかに利用したらどうか
今のままで新しい使い道はないか
少し変えてほかの使い道はないか

アイデアを借りたらどうか
これに似たものはないか
ほかに似たアイデアはないか

大きくしたらどうか
何か加えたらどうか
もっと回数を多くしたらどうか

小さくしたらどうか
分割したらどうか
やめたらどうか

変更したらどうか
形式を変えたらどうか
意味を変えたらどうか

代用したらどうか
ほかの材料にしたらどうか
ほかの人にしたらどうか

■オズボーンのチェックリストの改良版、スキャンパー

1971年にボブ・エバール氏がオズボーンのチェックリストを改良し、基本的な質問を7つに絞り、それぞれ質問の頭文字をとってSCAMPERとしました。

その7つとは、「代用品はないか」「組み合わせられないか」「応用することはできないか」「修正、あるいは拡大できないか」「ほかの使い道はないか」「削減、削除はできないか」「逆にするか、再配置できないか」です。

■トリーズの「40の発明原理」

ロシアのゲンリッヒ・アルトシュラー氏による発明的問題解決の理論、トリーズ（TRIZ）にあるリストです。

これは、特許庁の職員だった彼が、世界の特許250万件の内容を分析し、見いだした発明原理です。これをチェックリストとして利用する方法があります。

■トリーズの「40の発明原理」

- ✓ 分割
- ✓ 分離
- ✓ 局所的性質
- ✓ 非対称
- ✓ 組み合わせ
- ✓ 汎用性
- ✓ 入れ子構造
- ✓ つりあい
- ✓ 先取り反作用
- ✓ 先取り作用
- ✓ 事前回避
- ✓ 等ポテンシャル
- ✓ 逆発想
- ✓ 球面性/楕円性
- ✓ ダイナミック性
- ✓ 部分的な作用または過剰な作用
- ✓ もう１つの次元
- ✓ 機械的振動
- ✓ 周期的作用
- ✓ 有用作用の継続
- ✓ 高速実行
- ✓ 災い転じて福となす
- ✓ フィードバック
- ✓ 仲介
- ✓ セルフサービス
- ✓ コピーの利用
- ✓ 高価な長寿命より安価な短寿命
- ✓ 機械的原理の代替
- ✓ 空気圧および水圧構造
- ✓ 柔軟な殻と薄膜
- ✓ 多孔質材料
- ✓ 色の変化
- ✓ 均質性
- ✓ 部分の排除と再生
- ✓ 物理的/化学的パラメータの変更
- ✓ 相変化
- ✓ 熱膨張
- ✓ 強い酸化剤
- ✓ 不活性環境の利用
- ✓ 複合材料

■SCAMPER

代用品はないか **Substitute**	✓ ほかの材料や資源で代用できないか？ ✓ ほかに使えるモノやコトはないか？ ✓ ほかの手順で代用できないか？ ✓ これをほかの何かの代用にできないか？ ✓ 捉え方を変えることはできないか？
組み合わせられないか **Combine**	✓ ほかのモノと結合･組み合わせできないか? ✓ 目的や目標と結び付けられないか？ ✓ これを最大限に生かせるのは何か？ ✓ 素質や資源をどう結合･組み合わせると新しい手がかりが得られるか？
応用できないか **Adapt**	✓ ほかの目的や使い方に合わせられないか？ ✓ これは何に似ているか? ✓ ほかの何かに似させられないか？ ✓ 何かこれに似たようなものはないか？ ✓ 何か違う状況の中に置けないか？ ✓ ヒントとなるモノやアイデアはないか？
修正できないか **Modify**	✓ 形･見た目･雰囲気を変えられないか？ ✓ 何か加えることはできないか？ ✓ どこか際立たせることはできないか？ ✓ ある部分を強化することはできないか？
ほかの使い道はないか **Put to Another Use**	✓ ほかの市場かどこかで使えないか？ ✓ ほかに使用者となり得る人はいないか？ ✓ ほかの状況だとどんな振る舞いになるか？ ✓ 無駄な部分をほかで使えないか？
削減できないか **Eliminate**	✓ 何かを簡素化･合理化できないか？ ✓ 削減できる機能、部品、手順はないか？ ✓ 何か下げたり減らしたりできないか？ ✓ もっと小さく、早く、軽くできないか？ ✓ 一部を取り除くとどうなるか？
逆にできないか **Reverse**	✓ プロセスやまとまりを逆にできないか？ ✓ まったく逆のやり方だとどうなるか？ ✓ 構成要素を入れ替えられないか？ ✓ 手順を入れ替えられないか？ ✓ これを再構成するとどうなるか？

アナロジーを使うシネクティクス法

無関係なものを関係あるものとして捉え、ひらめかせる

シネクティクス法は、ジョージ・M・プリンス氏とウィリアム・J・ゴードン氏によって1950年代に開発されました。特徴は、アナロジー（類比）を使うところです。

■異質馴化と馴質異化

奇異なモノに興味を持ち、慣れ親しんでいくことを異質馴化（じゅんか）といい、慣れ親しんでいたモノを、奇異な捉え方をしていくことを馴質異化といいます。

アイデアを発想する時、一見、**関連性のない現象であっても、それを関連性のある現象と捉えようとすることで、**

誘因にできるというものです。

開発者のゴードン氏は、アナロジーを設定する時に、この2つはとても重要であると強調しました。そして、直接的、人格的、象徴的、空想的の4種類のアナロジーを用意しています。

さらに使いやすいNM法

NM法は、中山正和氏がシネクティクスの改良版として開発したもの。とくに、アナロジーを設定したあとの作業が手順化され、使いやすくなっています。QA、QB、QCの3ステップで構成されています（111ページ図参照）。

QAは、アナロジーの設定です。どちらかというと、直接的アナロジー法か象徴的アナロジー法が適しています。

QBは、バックグラウンドの探索です。アナロジーの背景を探っていきます。どういう仕組みや機構なのか、どのような構成や流れになっているのか、周辺にはどんな事項

■ 4種類のアナロジー

直接的アナロジー法
すでに自然界や生物界にある似たモノを誘因にするやり方。

象徴的アナロジー法
対象を描写する時の客観的で個人的な象徴を誘因にするやり方。

人格的アナロジー法
発想者が対象そのものになりきり、対象の身になって考えたことを誘因にするやり方。

空想的アナロジー法
非現実的で途方もない空想を誘因にするやり方。

が関係しているのかなどを書き出していきます。

ＱＣは、コンセプトの発想です。バックグラウンドを誘因として、新たな着想を発想していくところです。

シネクティクス法もＮＭ法も、すぐに発想に着手するのではなく、**いったん、類比の世界に入り、そこから使えそうなヒントを得ようとするものです。**

■《顧客接点を増やす》のアナロジーの例

商品陳列のアイデアを、ＮＭ法で発想してみます。《顧客接点を増やす》手段を発想したいのですが、あえてまったく関連性のない世界でアナロジーを設定します。

「増やす」つながりで「ダム貯水量を増やす」と、「接点」つながりで起終点をつなぐ「カー・ナビ」を設定します。

これらから、「カート・ナビ」というヒラメキが生み出されました。お客にとっては買い物に集中でき、店側にとっては《顧客接点を増やす》コトが向上しました。

■NM法で発想する商品陳列のアイデア

発想対象	顧客接点を増やす	
QA	カー・ナビ	ダム貯水量を増やす
QB	 進む方向を示す 最適ルートを提案 混雑度合いを考慮 運転に余裕ができる	 自然に流れ込む 出口を狭くする 大きく貯め込む 湖面がよく見える
QC	次の売り場に誘導する 買う順を提案する	カートで接点を増やす カートを見る
アイデア	「カート・ナビ」 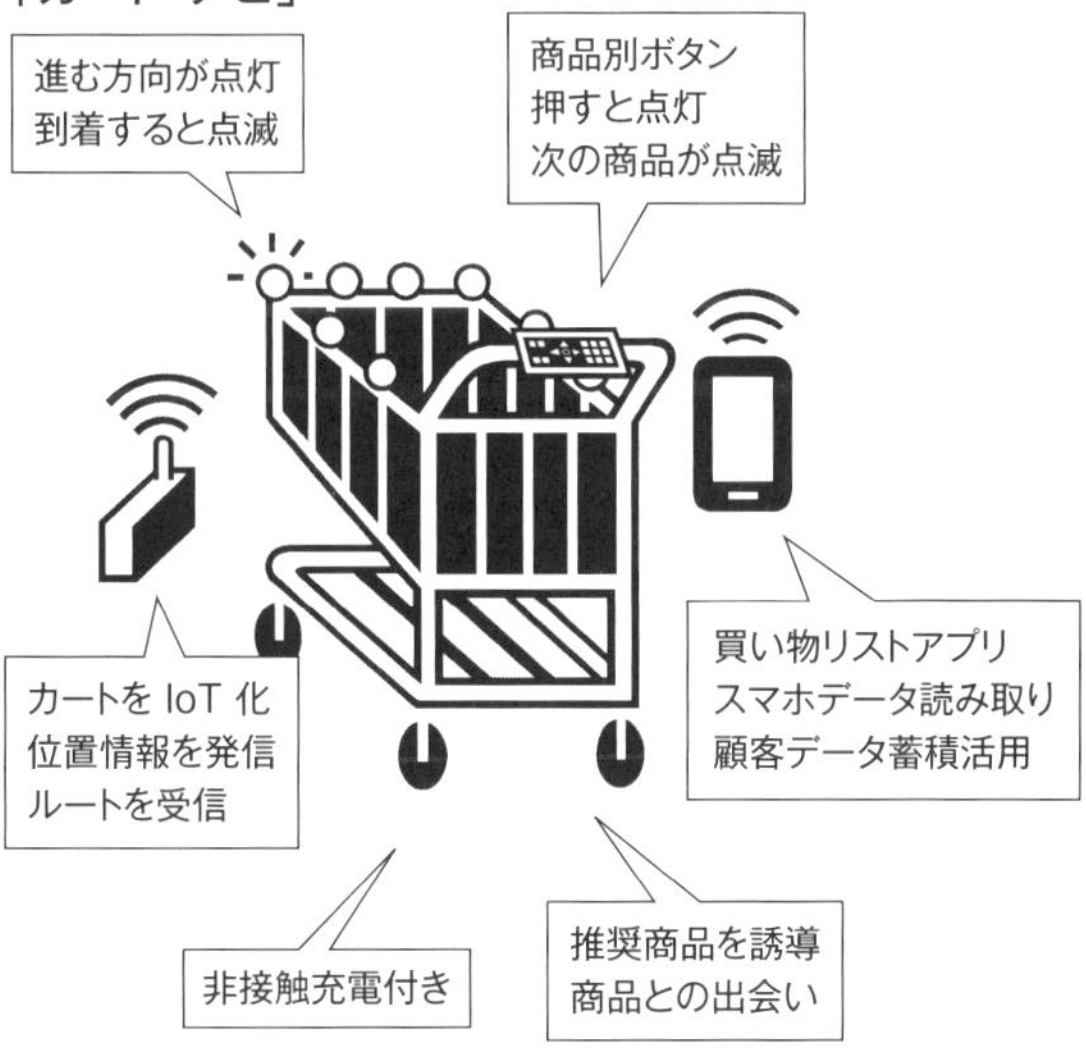 進む方向が点灯 到着すると点滅 商品別ボタン 押すと点灯 次の商品が点滅 カートを IoT 化 位置情報を発信 ルートを受信 買い物リストアプリ スマホデータ読み取り 顧客データ蓄積活用 非接触充電付き 推奨商品を誘導 商品との出会い	

問題解決シート2

アイデア

対象キー・ファンクション

ルート伝達度を高める	

ブレストやNM法など

Google アースを使う			
地図を拡大する	✓		
複数の地図を使う			
イラストの地図にする			
3Dの地図にする	✓		
目印を地図上に加える			
目印の写真を追加する	✓		
ストリートビュー風にする	✓		
目線の写真を使う			
Google グラスの景色にする	✓		
カーナビ機能をつける			
ラリーマップ風にする			
方向と距離を表示する			
……			

洗練するアイデアを選択

第 4 章

確実に解決させるための「洗練」

丁寧に欠点を見つけ出し、根気よく欠点を克服する。

洗練してこそ、ときめく解決策になる

アイデアの中の不要なものを、根気よく取り除いていく

■アラだらけのアイデアを粘り強く仕上げる行程

発想されたアイデアは、カタチの世界に戻す必要があります。その作業が洗練です。

洗練の「洗」は、隠れているものを見つけ出し、不要なものを除く作業。「練」は、繰り返し鍛えて、必要なものを選ぶ作業です。

発想したばかりのアイデアは、まだまだアラだらけ。ここで手を抜いてしまうと、いい解決策に仕上がりません。**粘り強く洗練することです。**

■アイデアは365回蕎麦のように練る

清里高原のある蕎麦屋に行った時のことです。

そこの蕎麦はそば粉100%で、とてもコシがあり香りもよく、美味しいのです。

どうして、こんなにコシのある蕎麦になるのかとお店の方に聞いたところ、生地を365回練っているとのこと。

普通は、30〜100回といわれている回数をはるかに超える数です。しかも、生地が乾燥しないように個室にこもって一気に練るのだそうです。

アイデアも、このくらい練る必要があります。しっかりと練っておけば、コシと粘りのある、簡単に切れたりしない素晴らしい解決策になるのです。

■解決策は百錬成鋼で余計なものを取り除く

日本刀は、「百錬の鉄」とも呼ばれています。そこから

■365回蕎麦 ＝ よく練られたアイデア

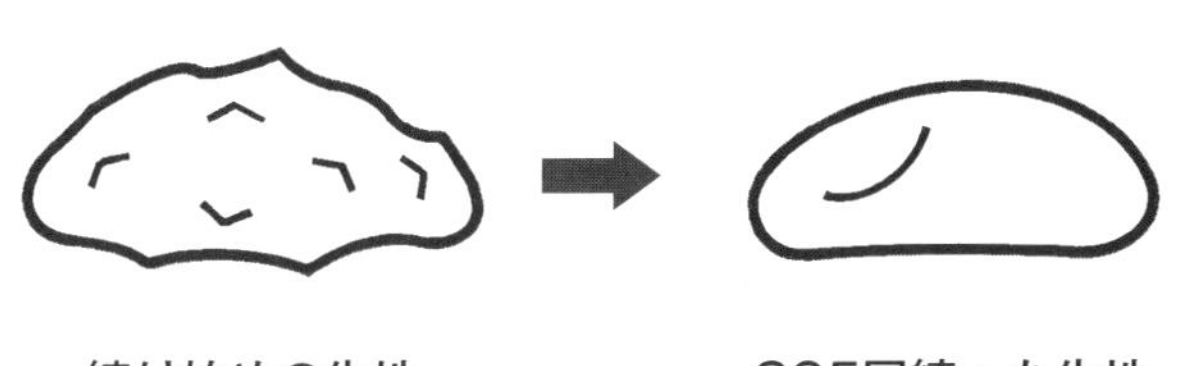

百錬成鋼（せいこう）という言葉が生まれました。繰り返し鍛錬することで、強靭な鋼に仕上がるという意味です。

鉄は、叩くことで有害ガスと不純物が除去され、均質で緊密な鋼になっていくのです。

アイデアも同じです。叩いて叩いて、有害な要素と不純な要素を除去していきます。やがて、強靭な鋼のような切れ味の解決策に仕上がるのです。

■洗練のサイクルで解決策も輝く

優れた解決策をイチから創り上げるためには、洗練という作業は欠かせません。

アイデアから、欠点という有害要素を見つけ出し、克服という除去作業をします。たくさん混ざり込んだ状態から、一つひとつ洗練していく作業です。

この作業は、そう簡単ではありません。洗練のサイクルを丹念に繰り返すからこそ、輝きを増してくるのです。

■百錬成鋼 ＝ 解決策の洗練

まだ不純物の混ざった鉄
＝
まだ欠点がいくつもある
アイデア

不純物が除去された鋼
＝
欠点がすっかり
除去された解決策

■繰り返し欠点を探し克服する「洗練のサイクル」

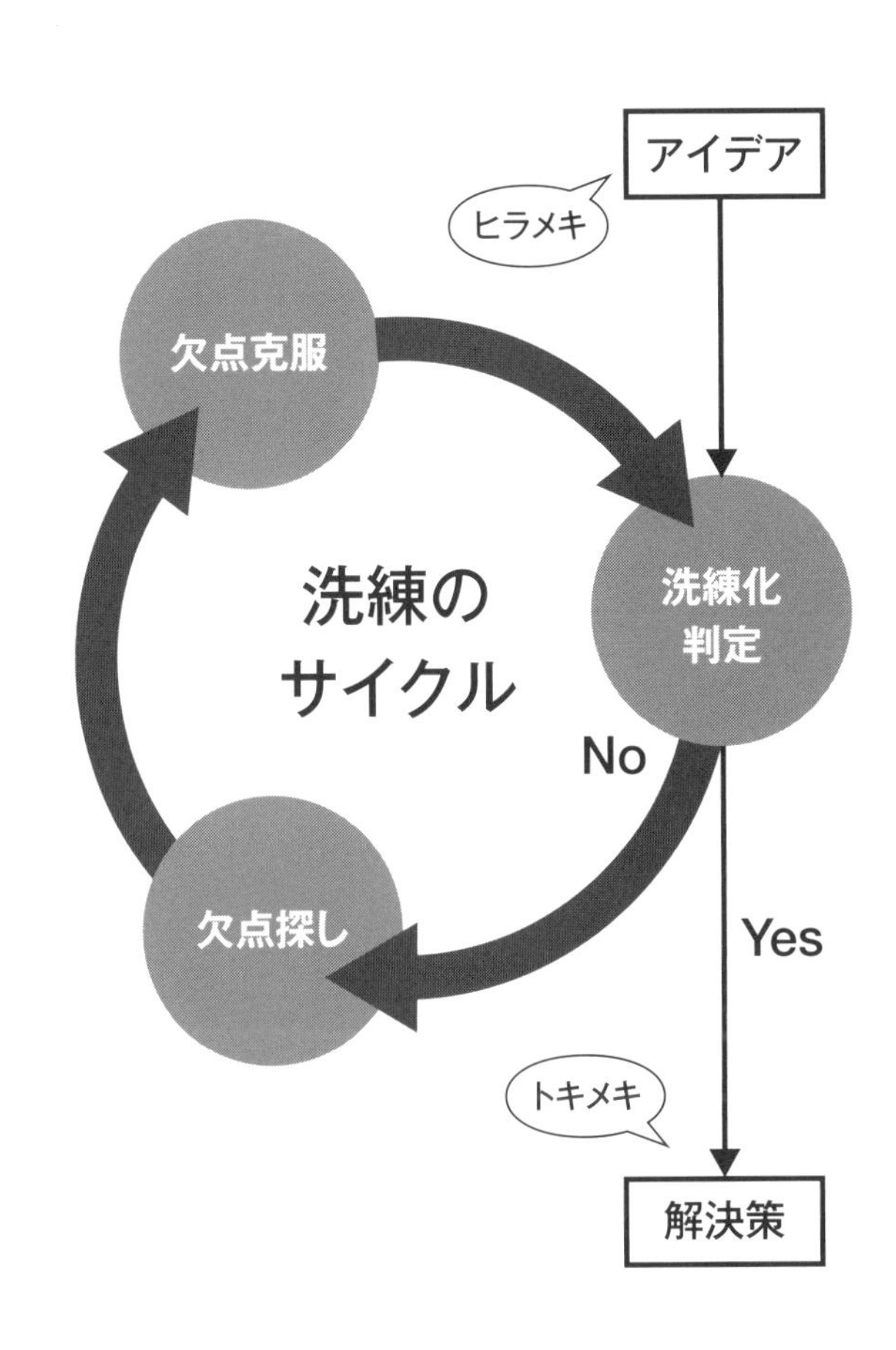

根気よく、洗練を繰り返すこと

視点を変えてアラ探し

あらゆる角度から問題点を見て欠点の見落としをなくす

■重箱の隅をつつくように欠点を探す

同じ視点からでは、すべての欠点を見つけることはできません。正面ばかりではなく、横や上、時にはひっくり返し、どこかに欠点がないか探します。

この時ばかりは、否定的な視点、慎重な視点が必要で、**重箱の隅をつついたりするような態度が求められます。**

■視点を変えると見え方も変わる

正面から見ると三角形で、横から見ると四角形。そして、上から見ると円形という立体があるのをご存知でしょうか。ちょっと想像しづらいかもしれませんが、なぞなぞでもなく、錯覚でもなく、実際に存在しています。

私たちは、立体の世界に住んでいながら、視覚は網膜に映る平面で捉えています。複数の平面情報を総合して、脳内で立体に組み立てているのです。

もし、情報が不足したまま立体を捉えようとすると、間違った立体を想像してしまうことになります。これが思い込みです。思い込みで、安心してはいけないのです。

この立体のように、問題をあらゆる角度から見ることです。円形と三角形だけだと円錐ともとれますし、四角形と円形だと円柱ともとれます。視点が足りないのです。

■立場を変えると視点も変わる

アイデアの視点は、立体のように3方向では足りません。もっとたくさんの視点があります。あらゆる角度からの視

■三角形にも、四角形にも、円形にも見える立体とは

点が必要なのです。問題解決でいうあらゆる角度とは、その問題に関わるあらゆる「立場」です。

誰しも、現状で慣れたやり方や環境が変わる時は、慎重になるもの。懐疑的になったり、不安になったりしますが、本来それは正常な見方です。

■欠点リスト

では、どういう観点が慎重にさせているのでしょうか。その観点を予め**リストにしておけば、見落としがなくなり、指摘されてはじめて気づくという事態を減らせます**。

リソースに関する欠点として、コスト、時間、人材、スペース、購買などがあります。

効果に関する欠点として、収入、利益、顧客満足、社会的信用、成長、スピード、新規性、差別化などがあります。

そのほかの欠点として、社内調整、法律、規定、業界ルール、技術、知識、顧客の違いなどがあります。

■四角にも、三角にも、円形にも見える立体

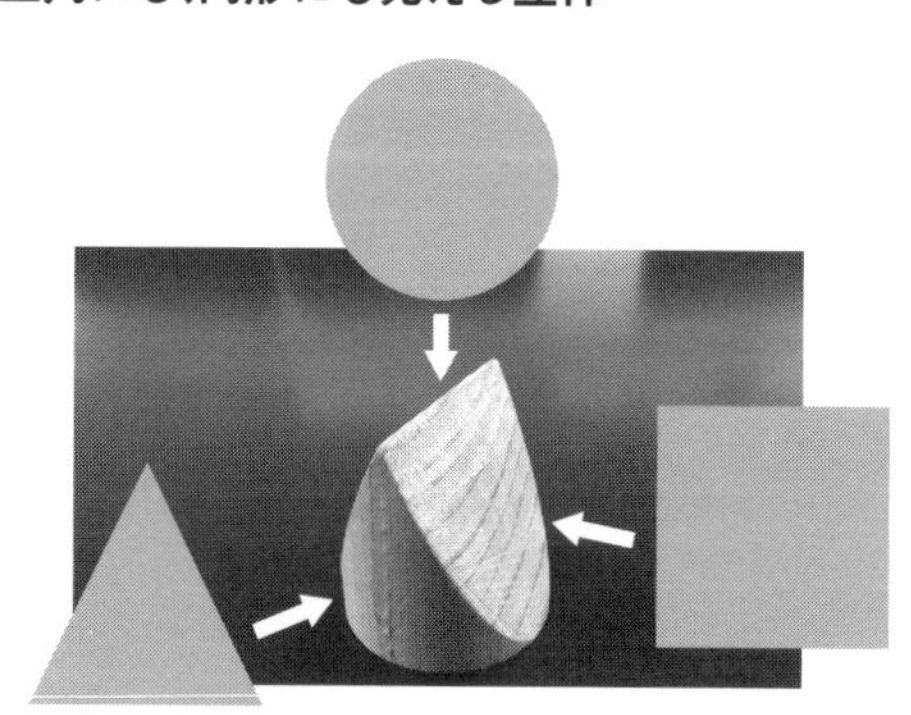

■見落としをなくす欠点リスト

分類	項目	チェック
リソース関連	コスト	✓ 予算を超えることはないか？
	時間	✓ 納期に間に合うか？
	人材	✓ 必要な人員を確保できるか？
	スペース	✓ どこで実行させるのか？
	購買	✓ 原料や資機材は調達できるのか？
効果関連	収入	✓ どのように収入を得るのか？
	利益	✓ 確実に利益を生み出せるのか？
	顧客満足	✓ 実現すれば、顧客は満足するのか？
	社会的信用	✓ メディアや社会から信用されるか？
	成長	✓ 組織や個人の成長につながるか？
	スピード	✓ 時間短縮につながるか？
	新規性	✓ 今までにない新しいモノか？
	差別化	✓ 競合に対する差別化につながるか？
そのほか	社内調整	✓ 社内の連携で障害が発生しないか？
	法律	✓ 法律や条例の制約はないか？
	規定	✓ すでにある規定との整合はとれるか？
	業界ルール	✓ 業界のルールに違反していないか？
	技術	✓ 技術的な可能性はあるのか？
	知識	✓ 必要な最新の知識はあるのか？
	顧客	✓ 対象とする顧客は誰か？

リストを充実させて欠点を洗い出しておくこと

アラは完全に克服する

欠点のないアイデアにするため、あらゆる手段で洗練を徹底

■正反対の態度の切り替えを繰り返す

欠点を取り除くため、再びクリエイティブになります。**欠点を見つける時の態度と、取り除く時の態度は、正反対。**アイデアを洗練するには、否定的に見たり肯定的に見たり、攻撃したり擁護したり、見捨てようとしたり育てようとしたりと、**態度の切り替えを繰り返すことです。**

■アイデア発想による克服

見つかった欠点を克服するアイデアを発想します。やり

方は、第3章で説明した方法と同じです。

アラを克服するために、再びアラっぽいアイデアが出てもかまいません。1回の作業で克服しようとせず、繰り返しの中で、克服していくことです。

時には、すでに出ているアイデアを取り込みます。よい案にしていくために、いろいろなものを練り込んでいきます。そうすると、違ったアイデアになるものです。

克服するアイデアが複数出てくることで、複数の案に仕上がっていくこともあります。それもありです。それぞれに洗練のサイクルを回していけばよいのです。

■試作やテストも重要

ある程度、洗練できた段階で、可能な限りリアルな試作やテストをしてみることです。実際に使用してみることです。思いもよらない欠点が見つかるかもしれません。

試作といっても、大がかりになったり、時間がかかった

■棚を増やすとデッドスペースの欠点がある

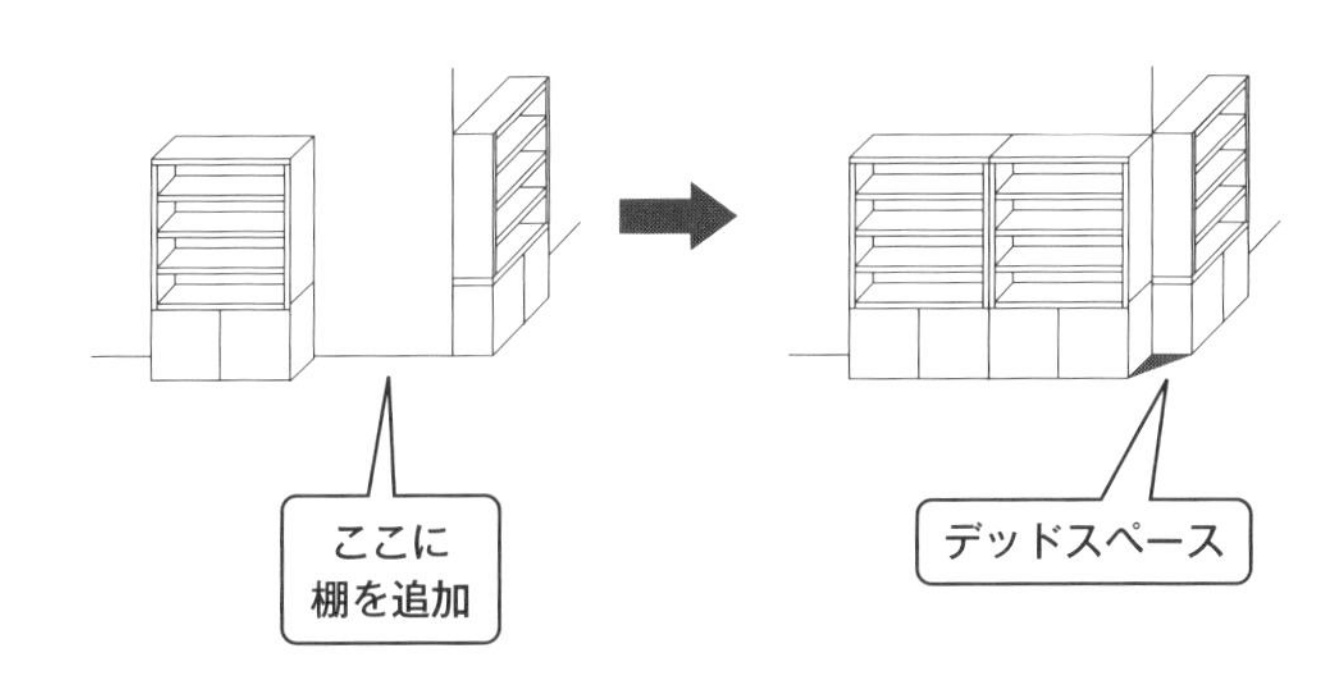

りすることもあります。それでも、できることなら試作やテストをしたほうがよいのです。実行の段階で発覚しても遅いからです。

■顧客や専門家の意見も重要

欠点を完全になくすために、社内関係者に見せ、意見を聞くこともあります。場合によっては、顧客や専門家に見せ、欠点の指摘を受けたりすることもあります。

顧客に試作モニターになってもらったり、ベータ版(評価版)としてリリースしたりするのは、欠点克服の手法であり、珍しいことではありません。

より新しいアイデアほど、徹底してアラをなくしておくことです。**どの立場からも欠点がなく、誰に見せても指摘がなくなるまで洗練することです。**

この洗練のサイクルに、問題解決の大半の時間を費やします。ここで手を抜かないことです。

■欠点を克服する6つの方法（棚増設時のデッドスペース問題）

欠点削除法　欠点となっている要素を取り除くことで、欠点を克服する方法。取り除くことで、利点も取り除かれることもあるので、注意が必要。

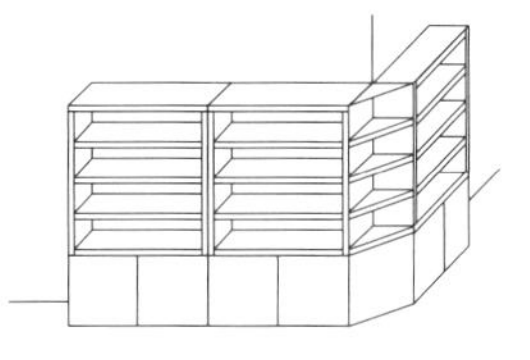

欠点縮小法　欠点となっている要素を縮小することで無害化し、欠点を克服する方法。無害化とはいえ、軽微な欠点として存在することに注意が必要。

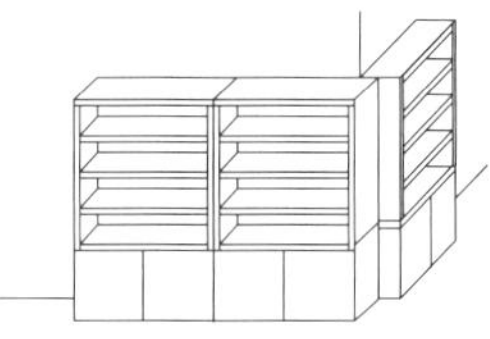

欠点改変法　欠点となっている要素を加工することで、欠点でないものに変換してしまう方法。加工により新たな欠点を生じる場合があるので、注意が必要。

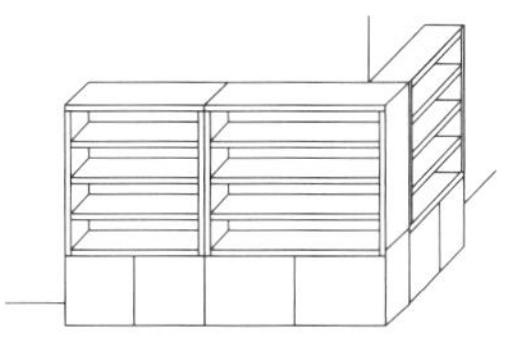

欠点交換法　欠点となっている要素を別の要素と交換することで、欠点でないものにしてしまう方法。交換により別の欠点を生じる場合もあるので、注意が必要。

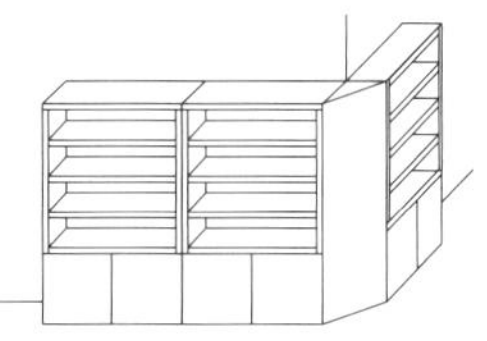

欠点打消法　欠点となっている要素に別の要素を加えることで、欠点を打ち消してしまう方法。加える要素自体にも欠点がある場合があるので、注意が必要。

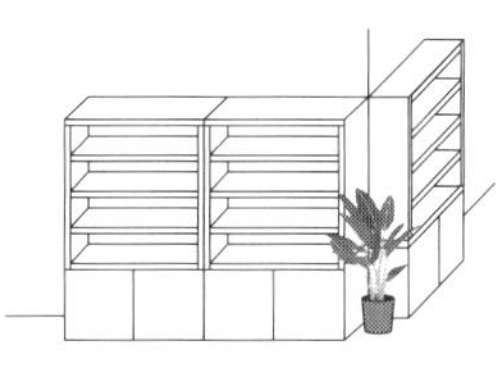

欠点取込法　欠点となっている要素をそのまま取り込んで、それ自体をよしとしてしまう方法。完全に欠点をなくせないこともあるので注意が必要。

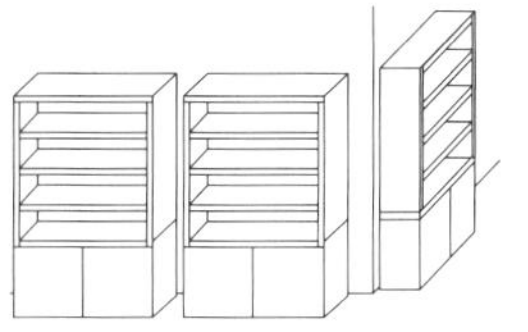

何としてでも欠点を取り除くこと

「本質に沿った解決か」を確認

困難が伴う場合でも、未来につながる解決策に挑戦を

■問題解決の落とし穴

洗練が進んでいくと、複数の案が具体的なカタチになっていきます。それぞれがよい案に仕上がったとしても、その案が本当に目指している方向に向かっているかどうかを確認する必要があります。

問題を解決できる案が1つ仕上がったとします。これを用いることで発生していた現象は解消されるでしょう。

しかし、**解決した先にある姿が、本当に目指していた方向ではない時があります。これが落とし穴です。**

一見、解決したかのようですが、それは一時的に対処したに過ぎず、止血しただけの応急処置なのかもしれません。

■低価格キャンペーンで失敗した事例

たとえば、ある商品の売れ行きが芳しくないので、期間限定のキャンペーンを開催したとします。売価を下げることで、低価格帯の顧客を取り込もうとした解決策です。

キャンペーンで購入した新たな顧客に、その商品の体験をとおしてよさを知ってもらい、キャンペーン後も顧客になってもらおうという戦略です。

キャンペーンでの売上は、予想どおり好調。これでいいPRができたと関係者は安心していました。

しかし、翌月の売上は、キャンペーン前よりも大幅に落ち込んでしまいました。なぜなら、キャンペーンで購入したのは、新規顧客ではなく、買いだめをした既存顧客で、翌月の売上が前倒しになっただけだったのです。

■値下げキャンペーン戦略事例の図

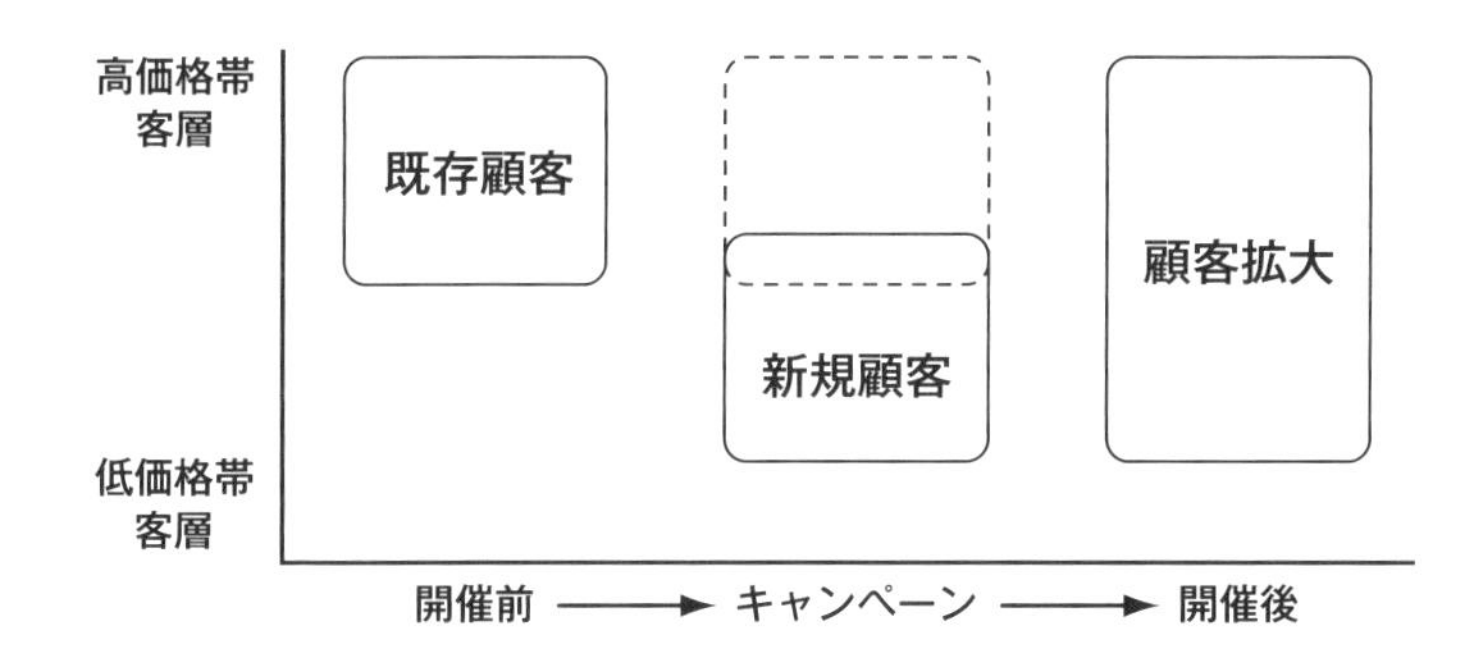

そして最悪なことに、既存顧客は次のキャンペーンを待つようになり、やがて売価は恒常的に下がっていくのです。

■飛び石の法則

売上を上げることだけで考えれば、問題は解決しているわけですから、成功といえば成功です。しかし、本来、向かうべき方向には向かっていないことが問題。

目先の問題解決ばかりに目がいくと、いつまでたっても本当の目的地に到達しないのです。私はこれを「飛び石の法則」と呼んでいます。

その都度、問題に対処できているようですが、**飛び移りやすい石ばかりを選んで飛び移っているだけでは、向こう岸には永遠にたどり着けない**のです。

時には、多少困難が伴うけれど、選択しなければならない解決策もあります。いくつかの洗練された案の中から、本質に沿った案を選択することが重要です。

■時に困難な道を選択することも必要な「飛び石の法則」

アップル	入力デバイスを、キー・ボードからマウスに、マウスからパッドに移り、パッドから画面タッチに乗り換えた。
ソニー	「ウォークマン」をカセットから CD に、さらに DAT、MD、DVD、メモリースティック、ハードディスク、ネット、内蔵フラッシュメモリーと、次々に乗り換えてきた。
富士フイルム	写真フイルムから液晶ディスプレイ、化粧品、医療装置、健康食品へと乗り移ってきた。
ポラロイド	インスタントカメラからデジタルカメラに乗り移れず、2001年に経営破綻した。

未来につながる石に挑むこと

シックス・シンキング・ハット法

6つの色に合わせた人格になりきって考える

■6色のハットに置き換える思考法

１９８５年にエドワード・デ・ボノ氏により開発されたシックス・シンキング・ハット法は、洗練のサイクルで欠点を見つけ出す時に役立ちます。

人は、同時に複数の思考ができますが、意図的に切り離し、それぞれ単独で思考しようとするもの。メンバー全員が同時に同じ色のハットをかぶり、考えを出し合います。

その思考には6種類があり、それぞれの象徴的な色のハットに置き換えているのです。

■6色それぞれで考えること

青色のハット。これは状況を俯瞰的に捉える思考です。このハットをかぶっている時は、管理者がいつも気にしているような手順や段取り、進捗やリソース管理などのことを考えます。けっして、感覚的に考えたりしません。高い視点から見渡すので青空の色が付けられました。

白色のハット。これは情報や事実に関する思考です。このハットをかぶっている時は、分析者がいつも気にしているような資料やデータ、根拠や証拠などのことを考えます。けっして、主観的に考えたりしません。事務職の代名詞、ホワイトカラーのホワイトから色が付けられました。

赤色のハット。これは感情や気持ちに起因する思考です。このハットをかぶっている時は、感性豊かな人がいつも気にしているような見た目、気分、相性、人間関係、感じ、風合いなどのことを考えます。けっして、合理的に考えた

■シックス・シンキング・ハット法の手順

1. ハットの意味を説明
2. 最初のハットを決める
3. 全員がハットをかぶる
4. ハットにしたがって発想
5. 残っているハットを選ぶ
6. 3 → 4 → 5を繰り返す

りしません。感情の高ぶりに関連した色が付けられました。

黒色のハット。これは悲観的な立場にたった思考です。このハットをかぶっている時は、慎重な人がいつも気にしているようなリスク、脅威、不可能性、失敗、マイナス面などのことを考えます。けっして、メリットを考えません。暗がりの色が付けられました。

黄色のハット。これは楽観的な立場にたった思考です。このハットをかぶっている時は、積極的な人がいつも気にしているようなメリット、利益、達成、可能性、成功、プラス面などのことを考えます。けっして、ネガティブに考えません。輝く太陽の色が付けられました。

緑色のハット。これは創造的な立場にたった思考です。このハットをかぶっている時は、クリエイターがいつも気にしているような新規性、斬新、差別化、独自性などを考えます。けっして、事例や前例を考えません。草木が芽を出し成長する色が付けられました。

■シックス・シンキング・ハットの基本を覚えよう

Blue	経営への影響はないのか。 顧客への印象は悪くならないか。 企業理念に沿っているのか。
White	根拠がそろっているか。 情報に基づいているか。 データの信憑性は高いか。 書類や手続きに不備はないか。
Red	やる気を引き出せる内容か。 解決にやりがいはあるのか。 好きな点、嫌いな点はどこか。 社内で反対する人はいないか。
Black	どのようなリスクが考えられるか。 失敗した時の影響はどうか。 反対する人はいないか。 費用はどれくらい増えるのか。
Yellow	もう少し挑戦できないか。 もっと大胆になれないか。 顧客満足はどこまで伸ばせるか。 利益はどれくらい増えるのか。
Green	新しい工夫を入れられないか。 さらに独創的にならないか。 他社にない要素を足せないか。

色に合わせた人格になりきること

解決策はしっかり検証

実施後の投資・効果の差を明確にして評価を「見える化」

■ 確実性と実現性を明確にする

解決策になり得る案に練り上がったら、次は検証です。

検証では、その解決策の実現性と確実性を明確にします。

設計図面、強度計算、費用見積もり、スケジュール、実施体制などを必要に応じて用意。それらは、確実に実行が可能であることが保証できる精度まで検証します。

■ 全項目を検証

検証は、問題が発生していたカタチの世界で行います。

問題の種類によって、検証する項目は異なってきます。

逆にいえば、普段、行っている企画提案や実行承認の資料に近いともいえます。項目だけでなく、表現方法や伝達方法も、その業界や企業のやり方でよいでしょう。

ただ、押さえておきたい項目があります。88ページで説明した価値の概念での検証です。そのためには、次の2つの項目を明確にしておきます。

1つは、**投資の差が明確になっていること**。解決策を採用することで、これまでのやり方と新しいやり方とで、必要な投資の量がどのくらい変化するかです。

もう1つは、**効果の差が明確になっていること**。これまでのやり方で得られていた効果が低下したり、失われたりしていないか。必要な効果が必要な水準まで達成されているか、といったものです。

この2つの差が明確になることで、解決策後の評価を91ページの図にプロットできます。それによって価値が向上

■新しい価値の計算

効果の差

$$V' = \frac{W'}{C'} = \frac{W + \Delta W}{C + \Delta C}$$

投資の差

新しい価値を計算して、価値が向上しているかどうかを数値的に証明できる。

したかどうかが、視覚的にもわかるようになるのです。

■経緯と証拠は残す

検証の過程で発生する文章やデータは、残しておきます。その理由の1つは、**間違った調整を避けるため**。

解決策には、十分に練られた背景があります。勝手に調整をしてしまうと、その背景を無視した手段になってしまいます。背景を無視すると、解決できないかもしれません。実行の段階で、条件が変更になった時や、想定とは異なる状況になった時、解決策に至る経緯を確認しましょう。

もう1つは、**別の問題解決の参考にするため**。

苦労して集めた資料や、検討したデータは、たとえその解決策が採用されなかったとしても、貴重なもの。同じ内容の資料を再びそろえるには、時間も費用もかかります。

だから、一連の検証結果は、あとで見返せるようにまとめておくことです。

■解決策の適用後のアプローチ・チャート例

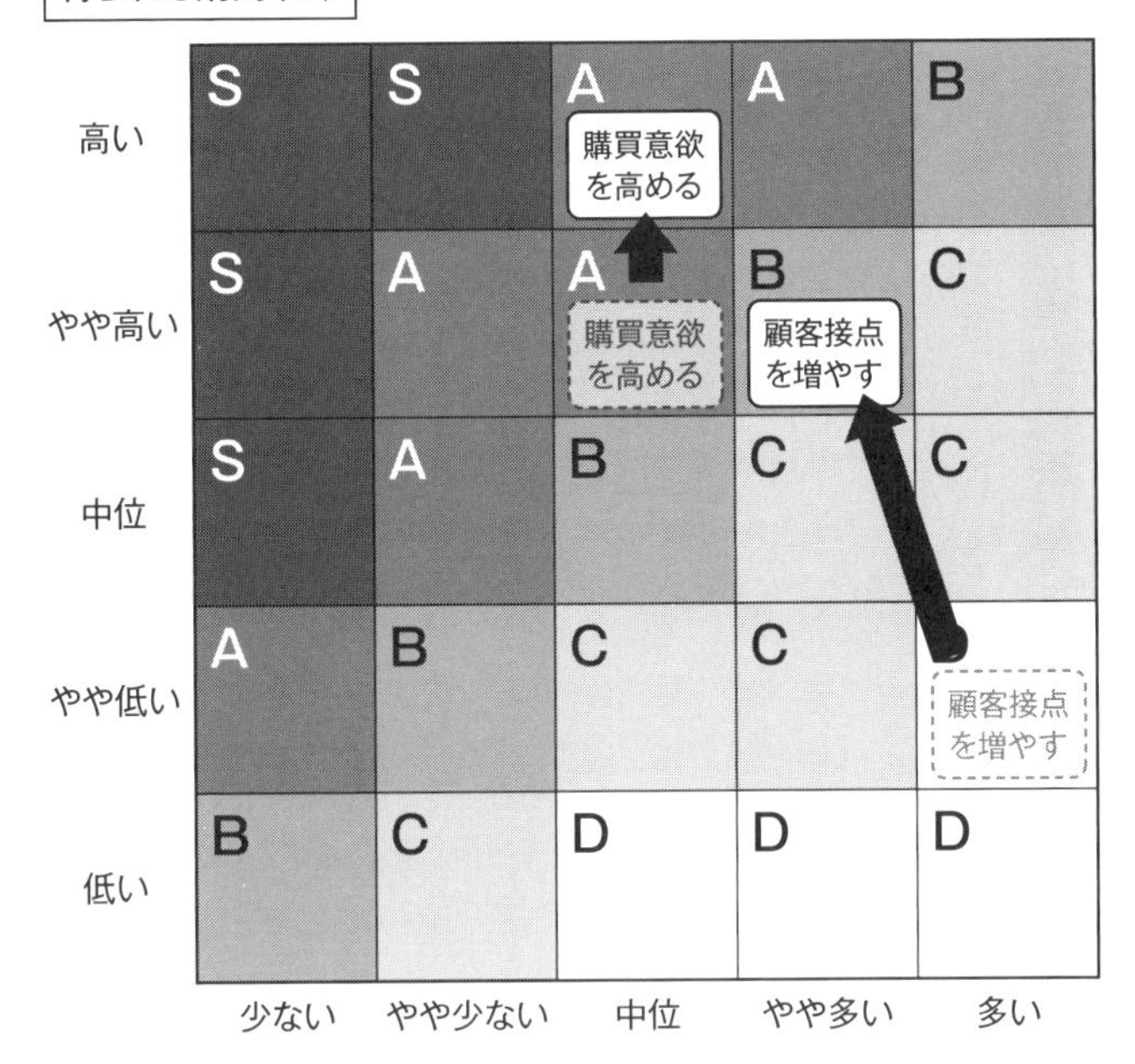

S:価値が高く、改善する必要はまったくない
A:価値が結構高く、改善の必要はない
B:価値は中位で、必要に応じて改善する
C:価値がやや低く、改善する必要がある
D:価値が低く、必ず改善しなければならない

アプローチ・チャートで、到着点を見ること

問題解決シート3

洗練

対象アイデア

ストリートビュー風にする

さまざまな観点からの欠点	欠点の克服アイデア	判定
ストリートビューを知らない	写真を並べる	✓
写真を並べる場所がない	ブログを利用する	✓
写真だけではわからない	写真に目印をマーク	✓
	写真に矢印を加える	✓
複数のルートがある	ルート別に作る	✓
……	……	

解決策

洗練された解決策（図・特徴・留意点など）	補足（費用、効果など）
ブログに目線写真を並べ、 矢印で方向を示す。	公式ブログを使って メールで案内すれば、 新たな費用はかから ず……

第 5 章

ワンランク上の「問題解決」

目的を達成する道具は、常にピカピカに磨いておく。

面白いほど仕事がはかどる

洗練された解決策は、目の前の問題解決以上の成果を上げる

■解決策を活動に当てはめたら、あとは効果を見るだけ

解決困難と思われていた問題も、ここまで説明してきた「分析」「創造」「洗練」の３つの段階を踏んでいけば、解決策を上手に創り出すことができます。

この解決策は、欠点を取り除き、実行段階で想定される障害も想定された、実現可能な最適の案です。

あとは、解決策を実際の活動にあてはめていきます。そして、その効果が出るところまで確認すれば、問題はみごと解決したことになります。

■発言の癖を付ける

問題解決のスキルを身に付けるため、普段の業務や会議を利用して「分析」「創造」「洗練」を習慣づけましょう。

まず、自分の業務の中で、**「誰のため？何のため？」**と問いかけてみてください。問題の認識力が上がります。

次に、問題を分解して解析してみてください。解決すべき点を絞ること、つまり改善点の特定力が上がります。

そして、身の回りのモノやコトのアイデアを創り出してみてください。アイデアの発想力が上がります。

最後に、目の前のやり方に欠点を見つけ出し、克服してみてください。解決策の洗練力が上がります。

会議などで、資料を見たり、人の意見を聞いたりしている時、自分ならこうする、こう考えるという意見や質問をしてみてください。必ず発言する癖をつけてください。

そうすれば、問題意識を持ってモノ・コトを見られるよ

■普段から問題解決ができること

うになります。上司に意見を求められるようになるまで、会議では必ず発言をし続けてください。

■4つの効用で面白いほど仕事がはかどる

問題解決ができるようになると、**まず業務が回り始める**ことになります。これは直接的な効用です。売上が増えたり、新たなビジネスが見つかったり、顧客満足や顧客増加につながったりします。目標達成も容易になります。

そうなると、組織的に有能な人材と認識されるようになっていきます。これは個人的な効用です。より大きな業務を任されたり、重要なポストについたり、昇給や昇格につながったりします。自己実現も容易になります。

そうして充実した毎日を送ることになります。これは間接的な効用です。周囲への効用も生まれ、人間関係や職場関係がよりよくなります。

その結果、また業務がさらに回るのです。

■問題解決によるさまざまな効用

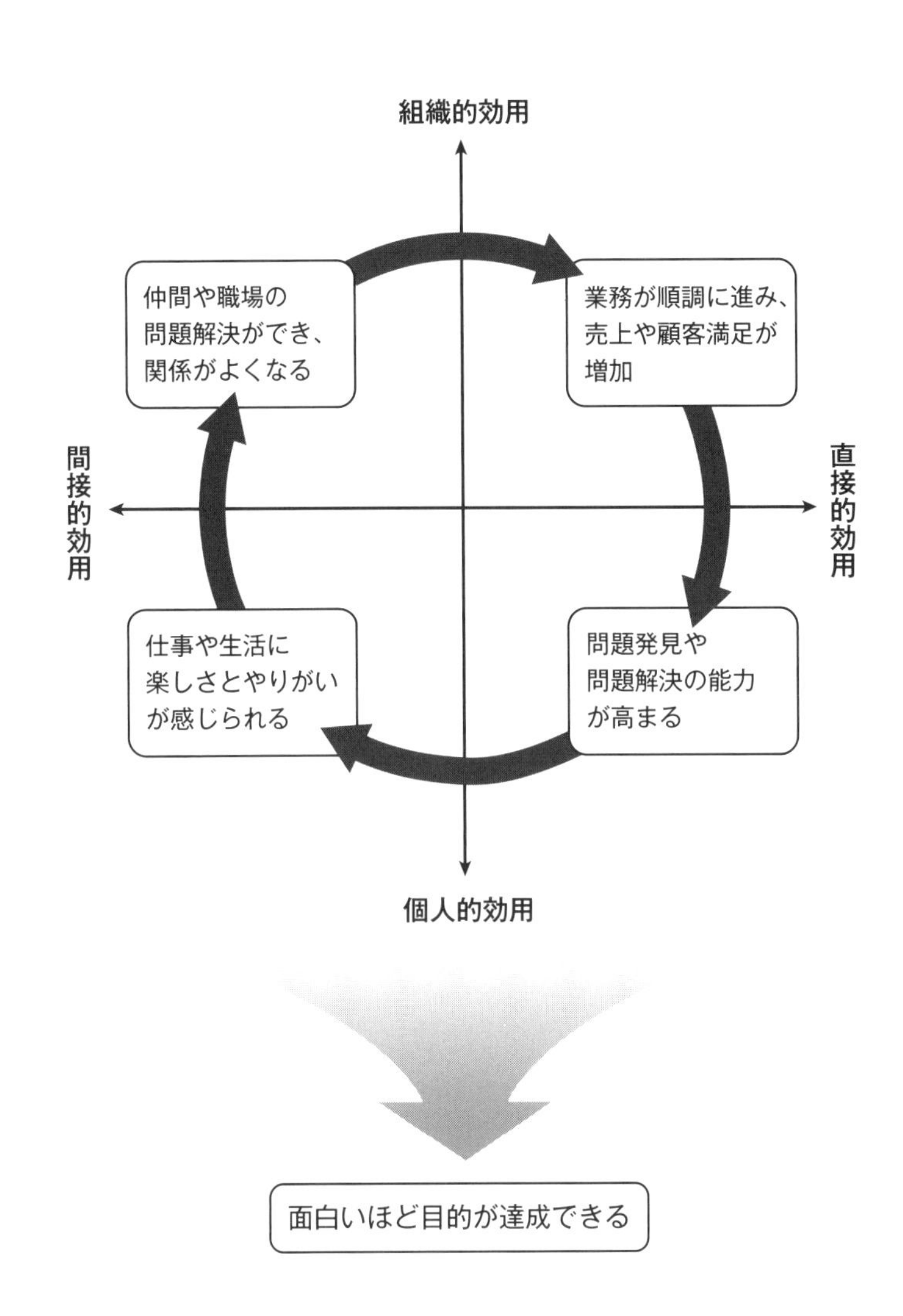

身近な問題から始めること

ビジネス・ノウハウのすべてがある

あらゆる仕事がこなせるようになるビジネススキルの基本

■問題解決のスキルでどんなビジネスもこなせる

問題解決のプロセスには、ビジネス上のすべてのノウハウが入っています。小さな問題解決であっても、大きな問題解決であっても、同じようなプロセスです。

逆にいえば、問題解決のスキルを身に付ければ、どんなビジネスもこなせるということです。

■制限のある中でのタスク達成

たとえば、問題解決には、活動に制限があります。時間的、費用的な制限です。人員や行動に制限を受ける場合もあります。その中で、解決しなければならないのです。

そこでは、時間管理がとても重要。ズルズルと進めるわけにはいきません。工程を作成し、進捗管理をし、遅延対策ができるスキルが求められるのです。

時間管理と同時に、原価管理も必要です。原価意識を持って与えられた予算を管理していかなければなりません。どこに費用をかけ、どこの費用を減らすかの見極めのできるスキルが求められるのです。

時間と原価の管理をしながら、成果管理をすることになります。どこまで進んでいるのかを計測し、所定の成果が得られるかを予測しなければなりません。思うように解決策が創り出せないからこそ、精度の高い予測のできるスキルが求められるのです。

時間と原価を抑えつつ、成果を最大限にするスキルは、どのビジネスでも必要なノウハウです。

■人を動かし組織を動かす

単なる管理だけでは、タスクは完了しません。メンバーの能力を引き出す必要があります。**問題解決では、メンバーの経験と知識を有機的につなげていくことが大切。**それができると、さまざまな解決策が創造されていくのです。

また、解決策を実行に移すためには、関係者を説得し、巻き込んでいかなければなりません。ノスター・モデル(下欄参照)でいわれているように、理解と協力が得られないと、抵抗されたり、妨害されたりしてしまいます。

時には、交渉が必要だったり、駆け引きを使ったり、根回しを行ったりすることもあります。そういったノウハウは、すべてビジネスで使われているものばかりです。

小さな問題解決から取り組み始め、ビジネスのノウハウを身に付けることは、教育の側面から見てもとても効果的で効率的なのです。

■1つも欠けてはいけないノスター・モデル

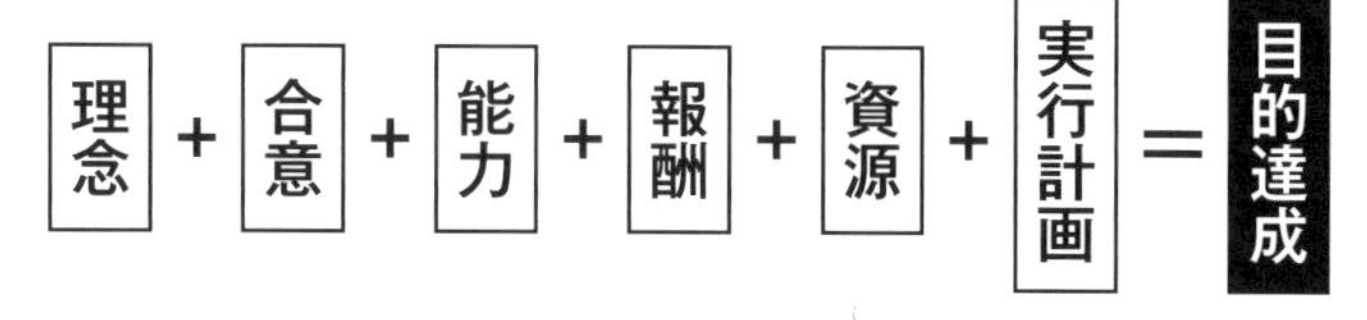

理念がないと混乱が発生し、合意がないと妨害が発生し、能力がないと不安が発生し、報酬がないと抵抗が発生し、資源がないと不満が発生し、実行計画がないとルームランナーのようになる。どれ1つ欠けても、目的は達成できない。

■問題解決にはビジネスノウハウのすべてがある

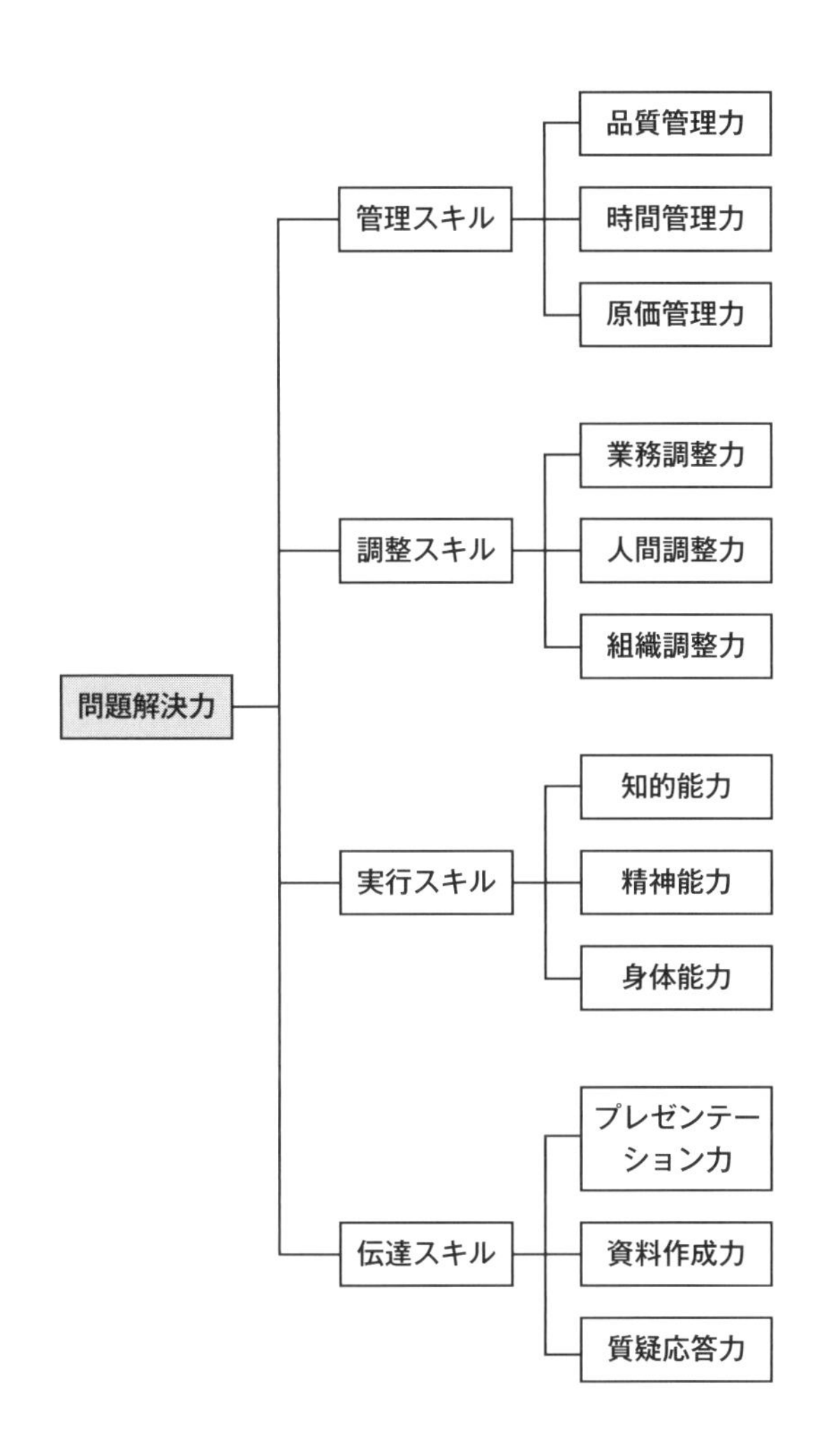

問題解決はビジネススキルの基本と心得る

ちょっとの苦労と努力を怠らない

サボることなく続けていれば、必ずスキルは身に付く

■普段から取り組めば苦しまない

知っているだけではできないのが問題解決です。やってみることであり、やり続けてみることです。

普段から取り組んでいれば、問題解決にひどく苦しむようなことはなくなります。問題を次々と解決して、面白いほど仕事がはかどるようになります。

■問題解決という筋トレ

たとえるなら、筋トレです。問題を解決するためのスジ

を伸ばし、筋肉をトレーニングしておくことです。

スポーツや運動でも、やったことがあるという程度では、いざ始めると、スジを違えたり、足がもつれてこけたりしてしまいます。急にやると怪我のもとです。

スジが固くなったり、筋肉がやせ細ったりするように、問題解決という筋肉も使わないと衰えます。

だから、普段から筋トレが必要なのです。けっして、ハードなトレーニングである必要はありません。軽いストレッチ程度でよいのです。ちょっと汗を流すくらいでいいのです。その苦労と努力を怠らないことです。

■1・01の法則

ある小学校の校長室にこんな掲示が貼ってありました。

「1・01の法則　0・99の法則」

そこには、**「こつこつ努力すれば、やがて大きな力になります。逆に少しずつサボれば、やがて力がなくなります」**

■アイデア発想はストレッチ、問題解決は筋トレ

ストレッチは、ムリのない程度でスジを伸ばすこと。日頃から、簡単なアイデアを発想するようなもの。

筋トレは、負荷を掛けることで力を付けること。日頃から、問題解決に取り組んでおくようなもの。

という言葉が数式とともに添えてありました（次ページ参照）。

この数式には、２つのメッセージが込められていると思います。１つは１％、もう１つは３６５日です。

努力といっても１日たったの１％でいいよ、というメッセージです。人が起きている時間を17時間とすると、その１％は10分ほど。１日10分の努力を続けなさいという意味だと思います。

もう１つは、１年間、毎日続けなさいというメッセージです。１日たりとも欠かさず続ける大切さを伝えています。

たった１％の努力を惜しまず行う者と、少しくらいならとサボる者とでは、たった1年でこれほどまでの大きな違いになるということを伝えています。

たとえ、いまはスキルがなくとも、ちょっとの努力と苦労を続ければ、必ずスキルは身に付くということです。

問題解決が苦手な人も、創造力がないという人も、続けることで、問題解決のプロになれるのです。

1.01の法則 …… $1.01^{365} = 37.8$

こつこつ努力すれば、やがて大きな力になります。

0.99の法則 …… $0.99^{365} = 0.03$

逆に、少しずつサボれば、やがて力がなくなります。

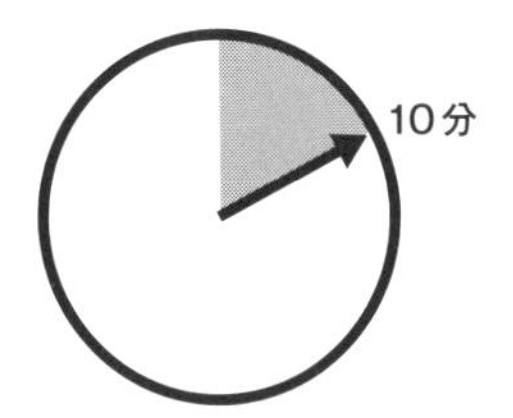

1日（24時間）のうち、起きている
時間を17時間（1,020分）とすると、
その1％（0.01）は10分。

「10分でも」と
努力を続ける人

「10分くらい」と
サボり続ける人

背伸びせず、手を抜かずが大切

組織の視点、長期の視点を忘れない

未来に向かう問題解決は、自分自身の成長にもつながる

■犯人探しをするといまだけの改善策しか出てこない

あなたの担当している仕事は、「誰のため?何のため?」なのでしょうか。そもそも働くということは、「誰のため?何のため?」なのでしょうか。

日常の業務の中にどっぷり浸っていると、改めて考える機会はないものです。問題が発生した時、犯人探しで解決しようとする限り、「誰のせい?何のせい?」と考えてしまいがち。そういう問題解決から出てくる改善策は、「いまだけ」であり、「私だけ」であることが多いのです。

本書の読者の皆さんは、ワンランク上の問題解決ができる人になってください。**問題が発生した時、恋人探しで解決できる人にです。あなたが創り出す改善策は、「未来も」改善し、「仲間も」改善することができます。**

組織の視点と長期の視点を忘れずにいることです。

■ファンクショナル・アプローチは人を変える

ある企業のプロジェクト改善に呼ばれて、ファンクショナル・アプローチでワークショップをした時のことです。

分析の段階で、そのプロジェクトの現状を細かく聞いていきました。そうすると、こんな意見がたくさん出ました。

「スタッフのやる気と能力がなさすぎる」

「そもそも、クライアントの要求が高すぎる」

「上からの締め付けが厳しすぎる」

問題の原因は自分たちにはない、自分たちは一生懸命やっているといわんばかりです。

■ファンクショナル・アプローチは人を変える

犯人探しで改善しようとすると、仲間が敵になってしまう。

恋人探しで改善しようとすると、敵も仲間になっていく。

突然、外部のコンサルタントが問題解決にやってくるのですから、そういう意見が出るのも当然です。

しかし、そういった意見も受け入れつつワークショップを進めていくと、徐々に立ち位置が変わっていきます。

「自分たちにできるコトはないか」

「この状況でしなければならないモノはないか」

どうしてそうなるのかというと、「誰のため？何のため？」を繰り返し問うからです。手段の出来不出来を問わずいったん手放して、徹底的に目的を意識するからです。

この問題解決の原理を熟知していれば、**メンバーの意識を原点に戻し、やる気と意欲を引き出し、組織的・長期的な視点にたたせることができます**。

そのワークショップが終わった時、あるメンバーが私にこんな感想を言ってくれました。

「私がこの会社に入ってやりたかったコトを、入社ぶりに思い出しました。あしたからの仕事が楽しみです」

■組織の視点、社会の視点を忘れない

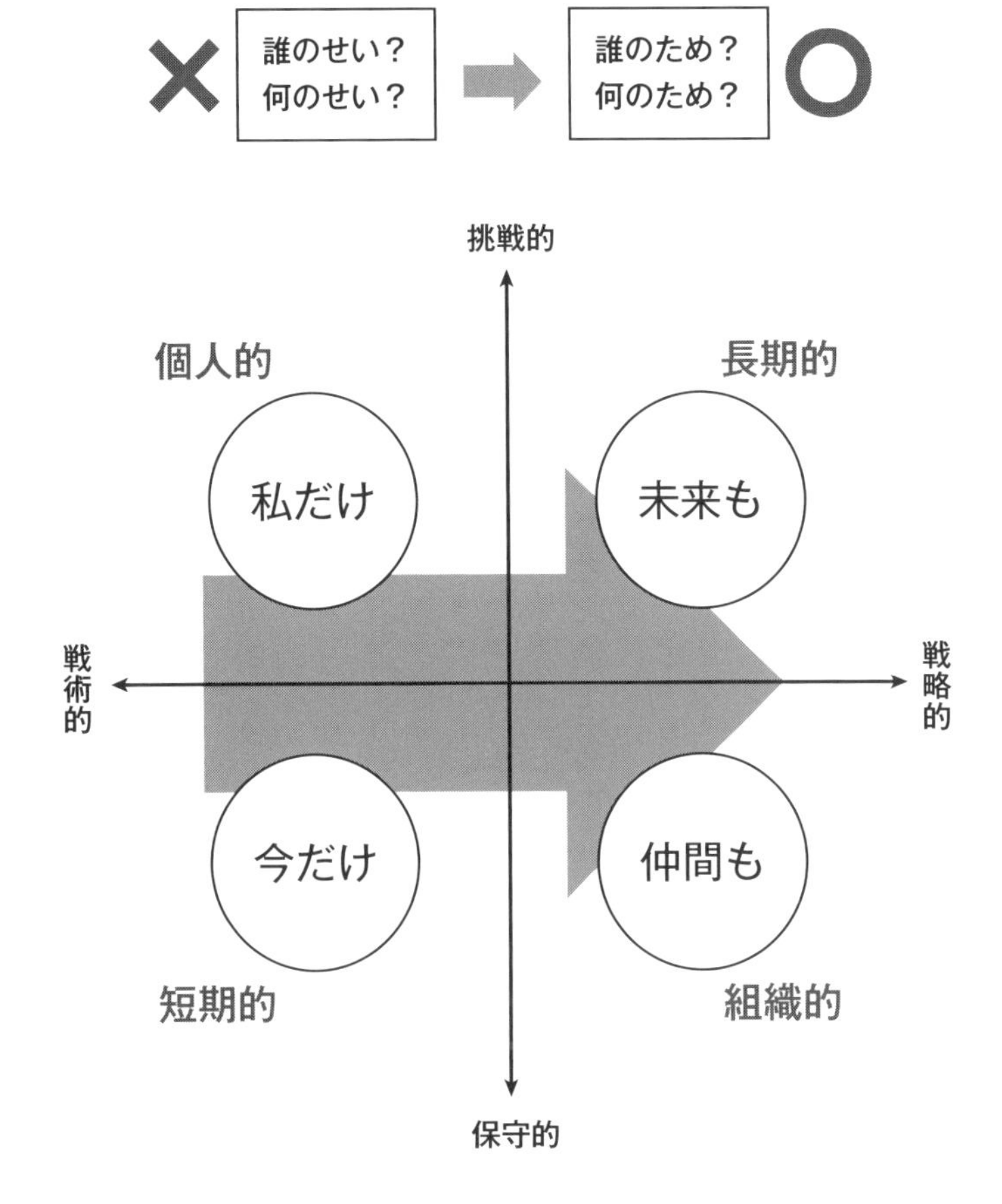

人間的成長につなげること

変える側になっても従う側にならない

問題解決するための努力を惜しまず進化すること

■問題を解決したヴィダル・サスーン

「時代を変えるか、時代に従うか。どちらかだ」

これは、１９２８年にイギリスで生まれ、ヘアドレッサーとして名を残したヴィダル・サスーン氏の言葉です。

彼が7歳の時、親の都合で孤児院に入り、11歳の時には第二次世界大戦に巻き込まれ、14歳の時に中学を中退しました。時代に従わざるを得ない生い立ちだったのです。

その彼が、26歳で自分の美容サロンを開きました。

当時の女性たちの髪型はカールが必要で、自分でヘアセットできなかったのです。そのため、洗髪は週に2〜3回のペースとなり、その都度、美容院に行きへアセットしないと出かけられませんでした。

この問題を、彼は解決したのです。女性の髪型や骨格、幾何や角度を分析し、過去にとらわれず、まったく新しいヘアスタイルやカット手法を次々と創造していったのです。その功績は、いまだ「どんな斬新なヘアスタイルを作っても、すでにヴィダルがやっている」と言わしめるほど。

こうして、世の女性たちをヘアセットの煩わしさから解放したのです。まさに、時代を変えた人物です。

▨あなたはどちら側？

時代を変えるというと大げさかもしれませんが、実際、**変える側と従う側に分かれるのは現実です**。

問題が発生した時、それを解決するための努力をするなら、変える側です。その解決をあきらめて現状のままか、

■ヴィダル・サスーンが変えたモノ

ヘアスタイル：	芸術性を追求する「アート」の領域へ
ヘアスタイル2：	セットの必要のない「ショート」や「ボブ」
ヘアスタイル3：	立体的で非対称な「ファイブポイントカット」
カットテクニック：	指で挟んでカットする「サスーンカット」
ヘアサロン：	作業を見せるガラス張りの「ヘアサロン」
ヘアサロン2：	パーマ主流のやり方から「カット＆ブロー」へ
シャンプー：	頻繁に洗髪しても傷まない「ヘアケア・シャンプー」
その他：	カラーリング、ヘアアイロン、サロン内マッサージ etc.

誰かが解決してくれるのを待つのなら、従う側です。

あなたは、どちらですか。

■進化するしか道はない

問題が解決されないいまま、その状態を続けていても目的は永遠に達成されません。使える資源が底をつくのを待つだけです。生物界でいうなら「絶滅」です。

だからといって、目的を変えるようでは、痛みから逃げているだけで、「退化」の道をたどるだけです。まして、目的も手段も変えるというのは、「突然変異」で新しい生物の誕生を期待するようなものです。

ぜひ、**目的が達成されるまで、状況に応じて手段を変え続けてください**。私たちには、「進化」するしか道はないのです。だから、問題解決のスキルが必要なのです。

それが、本書でお伝えしたかったことです。そして、面白いほど仕事をはかどらせ続けてください。

■問題解決と目的達成は、生物の進化に似ている

		目的	
		変えない（達成する）	変える（逃げる）
手段	変える（解決する）	**進化** 目的を変えず手段を変えていかなければならない。進化とは、方向性を持って変化すること。目指すべき未来に向かって、過去の手段を改め、手放し、持ち替えていく。	**変異** 目的も手段も変えてしまうのは、まったく新しく始めるのと同じ。その種は「突然変異」といえる。企業でいえば、ベンチャー的な挑戦。大きく成功することもあれば、失敗することもある。
	変えない（放置する）	**絶滅** 状況が変わっているのに何も変えないと、その種は「絶滅」に向かう。 手段を変えられないのか、変化に気づいていないのか。いずれにしても、次の時代にはいなくなってしまう。	**退化** 手段を変えず目的を変えると、その種は「退化」していく。これまでのやり方を変えたくないから、その手段を正当化できる都合のよい目的を探すのか……？ 変化しているようでも、どこにたどり着くかわからない。

方向性を持ち、進化すること

著者紹介

横田尚哉（よこた・ひさや）

株式会社ファンクショナル・アプローチ研究所代表取締役社長。

顧客サービスを最大化させる経営コンサルタント。

世界最大企業・GE（ゼネラル・エレクトリック）の手法を取り入れ10年間で総額1兆円の事業改善に乗り出し、コスト縮減総額2,000億円を実現させる。「30年後の子どもたちのために、輝く未来を遺したい」という信念のもと、そのノウハウを潔く公開するスタイルは各種メディアの注目の的。「形にとらわれるな、本質をとらえろ」という一貫したメッセージから生み出される、ダイナミックな問題解決の手法は、企業経営にも功を奏することから「チームデザイン」の手法としても注目が高まっている。

著書に『問題解決のためのファンクショナル・アプローチ入門』『ワンランク上の問題解決の技術《実践編》』（ともにディスカヴァートゥエンティワン）、『ビジネススキル・イノベーション』（プレジデント社）、『第三世代の経営力』（致知出版社）がある。

超解 問題解決で面白いほど仕事がはかどる本　〈検印省略〉

2017年　1　月　29　日　第　1　刷発行

著　者――横田 尚哉（よこた・ひさや）
発行者――佐藤 和夫

発行所――株式会社あさ出版
〒171-0022 東京都豊島区南池袋 2-9-9 第一池袋ホワイトビル 6F
電　話　03 (3983) 3225（販売）
　　　　03 (3983) 3227（編集）
F A X　03 (3983) 3226
U R L　http://www.asa21.com/
E-mail　info@asa21.com
振　替　00160-1-720619

印刷・製本　美研プリンティング(株)
乱丁本・落丁本はお取替え致します。

facebook　http://www.facebook.com/asapublishing
twitter　http://twitter.com/asapublishing

ISBN978-4-86063-934-1 C2034